決定版

すぐに使える！

# 教養の「文章力」1093

吉田裕子 監修

西東社

もくじ

## 6章 言い換え 敬語フレーズ 153～172



## 7章 すぐに使える シーン別フレーズ 173～272

# 本書の使い方と見方

本書は、大きく２つのパートに分かれます。

１〜６章では、文章の基本やコツ、語彙力、言い換えフレーズ、敬語などの「文章術」を紹介。

７、８章では、状況や立場に合わせた適切な「フレーズ、文例」を掲載。シーン、ケースごとに引いて使うことができます。

## 7、8章のフレーズと文例の見方

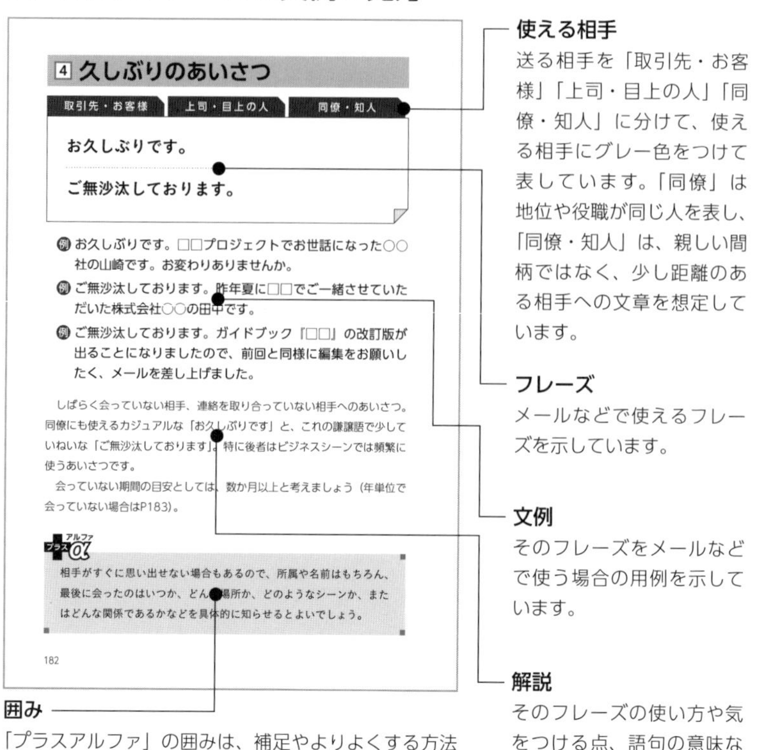

4 久しぶりのあいさつ

取引先・お客様　上司・目上の人　同僚・知人

お久しぶりです。

ご無沙汰しております。

例 お久しぶりです。□□プロジェクトでお世話になった○○社の山崎です。お変わりありませんか。

例 ご無沙汰しております。昨年夏に□□でご一緒させていただいた株式会社○○の田中です。

例 ご無沙汰しております。ガイドブック『□□』の改訂版が出ることになりましたので、前回と同様に編集をお願いしたく、メールを差し上げました。

しばらく会っていない相手、連絡を取り合っていない相手へのあいさつ。同僚にも使えるカジュアルな「お久しぶりです」と、これの謙譲語で少していねいな「ご無沙汰しております」。特に後者はビジネスシーンでは頻繁に使うあいさつです。

会っていない期間の目安としては、数か月以上と考えましょう（年単位で会っていない場合はP183）。

プラスアルファ

相手がすぐに思い出せない場合もあるので、所属や名前はもちろん、最後に会ったのはいつか、どんな場所か、どのようなシーンか、またはどんな関係であるかなどを具体的に知らせるとよいでしょう。

182

**使える相手**

送る相手を「取引先・お客様」「上司・目上の人」「同僚・知人」に分けて、使える相手にグレー色をつけて表しています。「同僚」は地位や役職が同じ人を表し、「同僚・知人」は、親しい間柄ではなく、少し距離のある相手への文章を想定しています。

**フレーズ**

メールなどで使えるフレーズを示しています。

**文例**

そのフレーズをメールなどで使う場合の用例を示しています。

**解説**

そのフレーズの使い方や気をつける点、語句の意味などを解説しています。

**囲み**

「プラスアルファ」の囲みは、補足やよりよくする方法など、追加で伝えたいことを解説。このほか、「ここが大切！」の囲みは、重要なこと、注意点などを解説。ほかの章の囲みも同様です。

1章

# 伝わる文章の基本

大人の文章術とは？

文章の基本

文章のルール

# 大人の文章術とは？

ビジネスはもちろん、プライベートでも文章を書く機会は意外と多いもの。大人なら、どんな相手や目的であっても、読み手のことを考えた「伝わる文章」を、さらっと書きこなしたいものです。

**伝わらない・心に響かない文章**

- 構成を意識せず、思いついたままの順番で書いている
- 自分の主張を述べるばかりで説得力がない
- 話が横道にそれてばかりで、要点がわかりにくい
- 読み手に合わせた文体や言葉遣いができていない
- 日本語の文法や言葉遣いのミスが多い
- 誤字・脱字が多い

**伝わる！　大人の文章術３か条**

1　TPOに応じた実用的な文章が書ける

2　実行につながる「伝わる」文章が書ける

3　「型」を使い、時短で説得力のある文章が書ける

## 大人の文章術1　TPOに応じた実用的な文章を書く

自分の年齢や立場、役割を自覚し、文章のTPO（時間、場所、状況）をわきまえて書く――、これが大人の文章術です。

たとえば40代になっても若者言葉を連発しているようでは、みっともないもの。そうしたミスをおかさず、そのときどきの状況にふさわしい内容・表現・言葉遣いで文章を書けることが大事です。企業に送る企画書などが誤字・脱字だらけだと、相手方に不信感を与えてしまいます。TPOに合わせて、表現の硬軟を使い分けられるようにしましょう。

また、その大前提として、日本語を正しく使いこなしていることが必要です。

## 大人の文章術2 実行につながる「伝わる」文章を書く

文章を書くうえで大事なのは、「どう書くか（HOW）」ではなく、「何のために書くか（WHAT）」です。広告であれば商品やサービスを買ってもらう、指示書であれば相手に指示どおりのことをしてもらう、ブログであれば楽しみや情報を共有し、読者になってもらうなど。いずれも読む人の具体的なアクションを引き出すことが目的です。

書くことが苦手な人は「どう書こうか」ということに意識がいきがちです。そのため時間がどんどん経過してしまいます。文章を書くときは、いったん上手に書こうという意識は忘れましょう。「何のために書くのか」「伝えたいことが伝わっているのか」を常に意識することが重要です。

## 大人の文章術3 「型」を使い、時短で説得力のある文章を書く

伝えたいことを思いつくままに書くだけでは、読み手に「伝わる」文章になりません。伝わる文章を書くためには、文章の「型」（書く順番の型）を覚えることが早道です。型にはめて書くと、誰でも説得力のある文章を書くことができます。書くスピードもグンとアップします。

この本では、①3点セット（➡P19）、②4ステップ（➡P20）、③起承転結（➡P21）の3つの型を紹介。ほかに、文章を書く際に悩みがちな書き出しのパターン（➡P58）や文末表現の変化のつけ方（➡P54）など、細部の表現方法も解説しています。

**プラスα（アルファ）**

日々のメールや企画書・報告書、SNSのやり取りなど、現代人は書くことにかなりの時間を割いています。文章の型など、技術を身につけ、書く時間を短縮できれば、ほかのことに時間を費やせます。この時間の余裕を生むことこそが、文章力をつける最大のメリットともいえます。

# 文章の基本

ほとんどの文章は、読み手ありきのもの。読み手に「読んでもらうため」「きちんと伝えるため」に必要な、文章の基本をおさえましょう。時短につながる「文章の型」や、書き始めるための方法も紹介します。

## 1 2通りに解釈できる文章はNG

原文　厄介なお客様からのクレームを放置してはいけない。

改善① **あのお客様は厄介だ。だからといって、その方からのクレームを放置してはいけない。**

改善② **お客様からの（厄介な）クレームを放置してはいけない。**

文章を書く際には、伝えたい内容を正確に伝えることが第一。読み手が意味を取り違えたり、解釈に迷ったりしないような文章を書きましょう。

原文では、特定のお客様が厄介なのか、クレームが厄介なのかが、はっきりしません。

厄介なのが特定のお客様なら、改善①のようになります。文を２つに分け、適切な接続語を使って主語や目的語を明確にしました。厄介なのがクレームなら、改善②のように語順を変えれば、わかりやすくなります。しかも、クレーム自体がそもそも厄介なものなので、厄介という言葉がなくても意味は通じます。余計な言葉はカットして簡潔に表現しましょう。

**ここが大切！**

２通りの意味に解釈されそうなときは、文を２つに分ける、適切な位置に読点（､）を打つ、語順を変える、言い回しを工夫するなどの方法で、文章の意味を明確にしましょう。

## 1文にあれこれ盛り込まず「一文一事」に

原文 弊社は「読みやすいデザイン」「伝わるデザイン」をモットーにしており、実用書のデザインの実績が多数ありますので、ぜひ貴社の出版物についても、弊社がお手伝いできないかと考えております。

**改善** **弊社は、実用書のデザインの実績が多数あります。**
**「読みやすいデザイン」「伝わるデザイン」がモットーです。**
**ぜひ貴社の出版物についても、弊社がお手伝いできないかと考えております。**

「一文一事」とは、1文で伝えることは1つに絞ること。簡潔にわかりやすく伝えるための鉄則です。日本語の文は、文末まで読み進めてやっと何が起きたのかが明確になる構造です。「○○なので、□□で、△△が××した。」とだらだら続く文は、一度に情報を処理できず、読み返す羽目になります。

原文は1文の中に情報を詰め込み過ぎて、わかりにくい文になっています。これを「一文一事」で表すと改善例のようになります。

## 1文は短く簡潔に。目安は50字以内

1文の文字数は、平均で30字前後、最大でも50字程度におさまるように心がけるとよいでしょう。1文を短くすることを意識すれば、複雑に入り組んだ文にはなりません。「一文一事」のルールも守りやすくなります（上の改善例もすべて1文50字以内です）。文章全体もおのずと簡潔になり、読みやすく伝わりやすい文章になります。

**ここが大切！**

長い文章は、見ただけで敬遠されがちです。まず相手に読んでもらうためにも、一文一文を短く、簡潔にまとめましょう。

# 「です・ます調」と「だ・である調」

**例文Ⓐ** 読書で重要なのは、本をどう選ぶかでしょう。「読書の質の８割は本の選び方で決まる」といえるのではないでしょうか。しかし、世間の人の多くは、本選びを軽んじているようです。それなのに、「読書は楽しくない」などというのは無責任ではないかと思います。

**例文Ⓑ** 読書で重要なのは、本をどう選ぶかであろう。「読書の質の８割は、本の選び方で決まる」といえるのではないだろうか。しかし、世間の人の多くは、本選びを軽んじている。それにもかかわらず、「読書は楽しくない」などというのは無責任な話だと思う。

文末表現には大きく２種類あります。ていねいでやわらかい印象の「です・ます調」と、断定的で力強い印象の「だ・である調」です。

意見をしっかり主張したいときは、例文Ⓑのような「だ・である調」が適しています。とはいえ、同じ意見文でも読み手や目的によっては、丁重な印象、やわらかい印象をもたらす「です・ます調」を選択することもあります。相手にさりげなく同意を求めたい場合や、謙虚さを表現したい場合には、「です・ます調」がよいでしょう。

なお、「です・ます調」と「だ・である調」は、１つの文章の中では交ぜないのが原則です。小説やエッセイなどでは意識的に交ぜることもありますが、これは上級テクニック。むやみに交ぜるのは危険です。

**「です・ます調」がよく使われる文章**

- 説明書や、やさしい解説文
- 会社や店、商品などの紹介文
- 学校や町内会のお知らせ
- 子ども向けの文
- 日常的なメールのやり取り（ビジネス、私信）　など

**「だ・である調」がよく使われる文章**

- 論文
- レポート
- 契約書
- 批評・評論
- 文章中の箇条書きの部分

など

##  実用文は「書き言葉」で。「話し言葉」はNG

 今日の商談、僕的には、いい感じだったと思います。

 **今日の商談は、手ごたえがありました。**

 **本日の商談のご報告です。**
**私としては、よい感触だったと思います。**

ビジネスなどの実用文では、「話し言葉」は使わないのが原則です。会話であればフレンドリーな表現が許される場面もあります。しかし、文章は長く残るもの。「話し言葉」が混在すると稚拙（ちせつ）な印象を与えます。

### 「話し言葉」から「書き言葉」への言い換え例

いろんな ➡ **いろいろな**
ちゃんと ➡ **きちんと／しっかりと／正しく**
すごい／とっても／すごく ➡ **とても／大変／非常に**
でも／だけど ➡ **だが／しかし／ただ／けれども**

| | |
|---|---|
| あっち ➡ **あちら** | こっち ➡ **こちら** |
| そっち ➡ **そちら** | どっち ➡ **どちら** |
| そんな ➡ **そのような／そうした** | ～してる ➡ **～している** |
| こんな ➡ **このような／こうした** | ～みたい ➡ **～のよう** |
| なんで ➡ **なぜ／どうして** | ～なんて ➡ **～とは** |
| なので ➡ **それで／そのため／だから** | ～とか ➡ **～や／～など** |
| じゃあ ➡ **では／それでは** | ～的には ➡ **～としては** |
| じゃない ➡ **ではない** | できるんです ➡ **できるのです／できます** |
| やっぱり ➡ **やはり** | |
| ～けど ➡ **けれど／だが** | しちゃう ➡ **してしまう** |

＊ほかにも、「ヤバイ」「ありえない」「マジで」「ガチ」「何気に」「かぶる（重複の意味で）」などの「若者言葉」も、実用文では避けるようにしましょう。

# 主張は具体例とともに書けば伝わる

例文Ⓐ 来期は積極的に商品を売り込もう。商品の活用方法を動画にして配信するなど、より具体的に提示していこう。

例文Ⓑ ベビーカーの親子がバスに乗ってきたら、それとなく見守っています。必要なときに、すぐに手を差し伸べられる人でありたいと思います。

例文Ⓒ 映画を見るなら、家でＤＶＤを見るのではなくて、映画館で見るのが好きです。映像や音響の迫力が楽しめるうえに、たくさんの人々と喜怒哀楽を共有することもでき、深い感動が胸に刻まれるからです。キャラメルポップコーンのＬサイズをひとりで食べるのも、ひそかな楽しみ。だから、私は映画館派です。

意見や感想を述べるときは、具体例があると読み手は納得しやすいものです。「楽しかった」だけでなく、「特に○○が□□でした」と、楽しかったことを具体的につけ加えるのです。そうすると、最初の「楽しかった」に真実味が出ます。

主張と具体例は、順番を入れ替えることもできます。たとえば、報告や依頼などのビジネスの文章は、上の例文Ⓐのように、先に結論を伝えるのが原則です（「頭括型（とうかつがた）」といいます）。相手とイメージを共有したい場合には、例文Ⓑのように、具体例から始め、結論をあとに述べるとよいでしょう（「尾括型（びかつがた）」といいます）。

また、文章が長くなるときや、特に主張を印象づけたいとき、ダメ押ししたいときには、例文Ⓒのように、最後に再び主張する方法があります（「双括型（そうかつがた）」といいます）。このとき、最初と最後の主張は、それぞれ表現を変えましょう。最後は、より踏み込んだ表現や印象的な表現で、力強く主張するのがポイントです。

# 主張・根拠・具体例の3点セットを活用

原文 最近、アルバイトの接客に苦情がたくさんきています。「言葉遣いがなっていない」とか「店員のくせに何も知らない」などとお怒りのお客様も多く、もっと研修がいるのではないかと思っています。リピート率も昨年より2割下がってしまいました。これは大きな問題です。実際、当社の場合、アルバイトが接客サービスの中心を担っているので、何とかしなくてはいけないと思います。研修を増やすのはどうでしょうか？

改善

【①主張】 **アルバイト向けの研修を増やす必要があるのではないでしょうか。**

【②根拠】 **当社では、お客様に直接かかわるのはアルバイトです。彼らの接客が店全体の印象を決めてしまいます。**

【③具体例】 **ここ数か月間、店員の対応についての苦情が増えており、お客様のリピート率も昨年より2割下がりました。**

【再主張】 **定期的に研修を実施し、接客マナーや商品知識を確実に身につけさせるべきだと思います。**

主張と具体例を挙げることで「伝わる文章」になります（➡P18）。そこからさらに「説得力のある文章」にするためには、根拠が必要です。①主張、②根拠、③具体例の「3点セット」を意識することが、説得力のある文章を書く第一歩です。

3点セットを活用する場合は順番も重要です。具体的には、文章の結論となる主張を冒頭に述べます（①）。続いてその根拠を述べます（②）。加えて、実際の事例やデータがあると、さらに効果的です（③）。

根拠や具体例が長くなったとき、あるいはダメ押ししたいときには、具体例のあとに、もう一度主張を繰り返すのも効果的です（双括型）。

# 「4ステップ」で反対意見を封じ込める

ビジネス上のやり取りには、電話よりメールのほうが適しています。なぜなら、メールでのやり取りは、はっきりと記録に残ります。この点は電話にはないメールならではのメリットです。また相手が忙しいときに、わざわざ手を止めさせる必要がないところも優れています。

だから、ビジネスではメールのほうがよいと思います。

【① 主張】

**ビジネス上のやり取りには、電話よりメールのほうが適しています。**

【② 根拠・具体例】

**なぜなら、メールでのやり取りは、はっきりと記録に残るからです。**

【③ 予想される反対意見】

**たしかに、電話の場合、声のトーンなどで感情が伝わります。**

【④ ③への反論と再主張】

**しかし、ビジネスで大切なのは感情豊かに伝えることより、正しい情報を共有することです。メールのほうが便利だといえます。**

原文は、「メリットである」「優れている」など、表現を変えながらも「メールのほうがよい」という意見を繰り返しています。元々メール推進派なら「そうそう」と納得するかもしれません。しかし、反対意見をもっている相手には通用しません。「いや、電話だって～」と反論されてしまうでしょう。

そこで「4ステップ」の登場です。4ステップのポイントは譲歩の視点を取り入れていることです。「たしかに～」と想定される反対意見を書きつつ、「しかし～」と相手の意見に反論して再び主張する構成です。相手の意見をいったん受け入れながら論破することで、より説得力のある文章にすることができます。

# 「起承転結」の構成はブログやPR文で

**例文**
【起】この化粧水を使い始めたのは、30歳目前の頃。小じわやたるみが気になり始めた時期でした。
【承】最初は「とろっとして塗り心地がいいなあ」と思ったくらいです。でも、１本使い切ったら、また別のものを試そうかなと考えていました。
【転】しかし、使い始めて３か月経った頃、私の肌に変化が訪れました。ほおに触れると、グッと押し返すようなハリが生まれていたのです。
【結】この化粧水、もう手放せません。

「起承転結」は、途中で話が意外な方向に展開するドラマチックな構成です。読み手の感情を大いに揺さぶる構成なので、小説やエッセイ、ブログなどには効果絶大です。ビジネスの文章でも、ダイレクトメールやプレゼンテーションの原稿など、何かをPRする場面で活用できます。

## ブログやPR文における「起承転結」の役割

■**起**…導入。共感・衝撃・挑発により、読み手を一気に引き込む。「ドキッ」「ギクッ」「何なに？」と、読み手に関心をもたせる。

■**承**…読み手が抱える不安・期待・課題をなぞり、「あるある」「それで？」を引き出す。「転」と反対の内容を意識的に盛り込む。

■**転**…「承」からの急展開。PR文なら、課題が解決することを力強く宣言。根拠や裏づけ（賞・ランキング・顧客の声）も述べる。

■**結**…「転」で盛り上がった気持ちを実際の行動につなげる。PR文なら、解決策としての商品の魅力を、読み手に響くフレーズでアピールする。

## 書き始める前に箇条書きで要点をまとめる

文章を書くときは、構成を組み立ててから書き始めるのがおすすめです。いきなり文章の形で書こうとすると、細かい表現で悩んで手が止まり、余計に時間がかかってしまうからです。

まずは、「ぜひ伝えたいこと」を中心にして、書くべき内容を箇条書きにしましょう。書き終えたら、内容をグループ分けし、メモの内容を整理します。このとき、19ページで紹介した3点セット（主張、根拠、具体例）を意識すると、文章の流れが自然とまとまります。これがおおまかな構成案です。

この構成案をもとに文をつなげば、文章になります。文をつなぐ際は接続詞や副詞を活用すると、文がつながりやすくなります。書き終えた文章を見直し、細部の表現を整えれば完成です。

なお、パワーポイントの資料や、イベントの招待状など、資料の種類によっては、文章としてまとめるよりも、箇条書きのまま示したほうが親切な場合もあります（➡P67）。

## 細部を気にせず一気に書いてみる方法も

最初に全体構成を考えるのが苦手な人や、主張が定まらない場合には、思い切って書き出してみるのもひとつの方法です。殴り書きや箇条書きでもよいので、短時間で一気に書き上げましょう。口頭で話してみて、それを文章に起こす方法もあります。あくまで下書きとして捉えて気楽に書きます。その下書きを並べ替えたり、細部を整えたりして、完成版に近づけます。

**ここが大切！**

細部にこだわり、言い回しを修正するのはいちばん最後。どんな形で書き出すにしろ、まずは文章の土台を作ってしまうのが、文章を書き上げるコツです。

# 12 読み手のニーズを意識して書く

**例文Ⓐ** フィットネスクラブで、自分のカラダと向き合いませんか？
仕事帰りに気軽に利用できるアフター６プランなら、料金もおトク。ヨガ、ピラティス、キックボクシング、各種ダンス、パーソナルトレーニングなど、多彩なプログラムで楽しく運動。お風呂やサウナでリフレッシュして帰れます。今なら入会金無料キャンペーン実施中。ＺＯＯＭでのオンライントレーニングもあります。

**例文Ⓑ** フィットネスクラブで健康で元気な体作り、始めませんか？
筋トレ、スイミング、ヨガ、エアロビクス、ウォーキング、各種ダンスなど、多彩なメニューで飽きません。自分に合った内容、難易度を選んで、無理なく続けられます。運動のプロが懇切ていねいにサポートしますので、初心者の方もご安心ください。運動後はお風呂やサウナでリフレッシュ。シニア割引もあります。今なら入会金無料キャンペーン実施中。

文章を書くときは、「誰に向けて、何のために書いているのか」を意識しながら書くことが重要です。

同じフィットネスクラブのPRでも、働く世代向けなのか（例文Ⓐ）、シニア向けなのか（例文Ⓑ）、親向けなのか、によって、アピールポイントは異なります。文章の硬さや具体例もターゲットによって変えるべきでしょう。

**プラスα（アルファ）**

読者にとって有益な情報であっても、あれもこれも盛り込むのは禁物。情報を盛り込み過ぎるとポイントがわかりにくくなり、平板な文章になります。ターゲットに響く情報を、いかに厳選して伝えられるかがポイントです。

# 文章のルール

文章の書き方には一定のルールがあります。日本語の基本的な文法、品詞の使い分け、句読点に関する決まりなどです。これらをおさえて、読みやすく、わかりやすい文章を作成しましょう。

## 1 主語と述語がねじれないようにする

私の夢は、カフェを開きたいです。

**私の夢は、カフェを開くことです。**

**私は、カフェを開きたいです。**

原文は、主語と述語がかみ合っていない状態です。述語は、主語に対応した動作・状態でなければなりません。主語と述語がかみ合っていないと、文法的におかしいばかりでなく、意味が正確に伝わらないこともあります。

この原文の場合、次の２つの改善方法があります。

①主語はそのままで、述語部分を「〜こと」で終わる形にする（改善①）

②主語を述語に合う形にする（改善②）

また、主述のねじれは、文が長くなるほど生じやすくなります。基本は「一文一事」（➡P15）です。１文を短くすることで、主述のねじれの発生をおさえましょう。

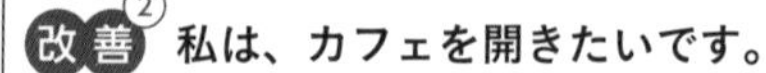

プラスα（アルファ）

ねじれは、慌てて書いて読み返していない場合や、あとから一部だけを書き直した場合に発生しやすいミス。必ず読み返して、ねじれを解消しましょう。

## 2 主語と述語は近づけて書く

原文 先方が、もし時間が空いていれば、今後の進め方について、今週の水曜の午後に、一度課長と打ち合わせしたいとおっしゃっています。

**改善 今後の進め方について、一度課長と打ち合わせしたいと、先方がおっしゃっています。今週の水曜の午後はいかがでしょうか、とのことです。**

原文は文法的におかしいところはありませんが、まわりくどく読みにくい文です。その理由は、主語と述語の間が大きく離れていることにあります。改善例のように、主語の「先方が」を、述語の「おっしゃっています」の前に置いたほうがわかりやすくなります。

また、１文が長いときは、２つの文に分けたほうが要点を整理できます。

## 3 主語を明確にする

原文 2065年には、日本では9,000万人を割り込むことが予想されます。

**改善 2065年には、日本の総人口は9,000万人を割り込むことが予想されます。**

原文でも、日本の総人口のことをいっていることは予想できるかもしれません。しかし、文章としては不親切。主語は明確に書くことが基本です。

ただし、前後の文脈で、主語が何を示しているかが読み手に明確に伝わる場合には、主語を省略することもできます。同じ主語が続くと、くどい文章になることもあります。必要な主語と、省略していい主語をしっかり見極めることが大切です。

## 修飾語は、かかる言葉（被修飾語）の直前に

 素敵な山口さんの挿絵のおかげで、すばらしい本になりました。

 **山口さんの素敵な挿絵のおかげで、すばらしい本になりました。**

---

 すぐにお客様からのクレームには対応してください。

 **お客様からのクレームには、すぐに対応してください。**

主語と述語の関係と同じように、修飾語（後ろを説明する語）と被修飾語（説明される側の語）が離れると、わかりにくい文になります。修飾語は、被修飾語の直前に置くのが原則です。修飾語の位置が不適切だと、意味が2通りにとれることもあります。

原文Ⓐは、修飾語の「素敵な」が、「山口さん」にかかっているようにもとれます。挿絵のことをいいたいなら、改善例のように、「挿絵」の直前に「素敵な」を置くのがベストです。

原文Ⓑは意味の取り違えはないでしょう。しかし、修飾語の「すぐに」と、被修飾語の「対応してください」が離れ、読みやすい文とはいえません。口頭であれば、部分的に語気を強めたり、間を置いたりすることもできるので、「すぐに」を先にもってきても違和感なく相手に伝わります。しかし、文章ではそうした手法は使えません。改善例のように改めるべきでしょう。

**プラスα（アルファ）**

原文Ⓐの修飾語「素敵な」は形容動詞、原文Ⓑの修飾語「すぐに」は副詞です。形容動詞や形容詞は主に名詞にかかる言葉、副詞は主に動詞にかかる言葉です（例外もあります）。この特徴を覚えておくと、修飾語がどの語句にかかるかがわかりやすくなります。

#  修飾語が複数あれば、長い修飾語が先

1つの言葉にかかる修飾語が複数ある場合もあります。修飾語を置く順番によっては非常に読みにくい文になります。誤解を与えないように、意味がとおり、読みやすくなる語順を考えなければなりません。

迷ったときは次の3つの原則があるので、参考にしてください。ただし、例外もあります。原則に当てはめたけれど、違和感が残ったり、誤読の可能性があったりする場合は、臨機応変に順番を入れ替えましょう。

## 修飾語が複数あるときの語順の原則

1「長い修飾語」が先、「短い修飾語」があと

例文 ×新しい買ったばかりの靴。

○**買ったばかりの新しい靴。**

2「節（1個以上の述語を含む複文)」が先、「句」があと

例文 ×おもしろい昆虫の魅力が詰まった本。

○**昆虫の魅力が詰まったおもしろい本。**

3「大きな枠組み（状況)」が先、「小さな枠組み（状況)」があと

例文 ×プロのピアニストを目指している姉が、ドイツで行われた音楽コンクールで、昨年、入賞した。

○**昨年、ドイツで行われた音楽コンクールで、プロのピアニストを目指している姉が入賞した。**

○**プロのピアニストを目指している姉は、昨年ドイツで行われた音楽コンクールで入賞した。**

**プラスα（アルファ）**

修飾語が多い文は1文が長い可能性があります。「一文一事」「1文50字」（➡P15）の原則を思い出しましょう。また語順を入れ替えて文の構成を組み替えたほうが簡潔でわかりやすい文章になることも。

## 接続語の意味を理解して、正しく使う

例文Ⓐ 今日は１日雨だった。だから、来店者は少なかった。

例文Ⓑ 今日は１日雨だった。それにもかかわらず、来店者は多かった。

接続語を使うと、文同士の関係がはっきりし、文章の流れがわかりやすくなります。

順接の接続語「だから」や「したがって」があれば、そのあとは、当然予想される順当な内容がきます（例文Ⓐ）。

一方、逆接の接続語「しかし」や「それにもかかわらず」があれば、予想と反対の内容がきます（例文Ⓑ）。

接続語が適切だと、読み手の予想と実際の文章がかみ合い、読み手は抵抗なく読み進めることができます。

## 接続語の「が」は、逆接のときだけ使う

先日、企画会議がありましたが、長谷川さんの企画が採用されました。

**先日の企画会議で、長谷川さんの企画が採用されました。**

単なるつなぎとして、接続語の「が」「だが」をはさむ人がよくいます。原文は順接の文です。改善例のように「企画会議で～」と普通につないだほうが抵抗なく読めます。

仮に、企画会議だったのに実りがなかった、という展開なら、逆接の「が」が有効に働きます。たとえば「企画会議がありましたが、誰の意見も採用されませんでした」のように用います。

# 主な接続語の種類

| 役割 | 接続語例 | 使い方 | 例文 |
| --- | --- | --- | --- |
| 順接 | だから、そこで、したがって、すると | 前の内容が原因・理由になって、あとの内容が結果・結論を示す | 彼女は幼少期をイギリスで過ごした。だから、英語が堪能だ。 |
| 逆接 | しかし、だが、ところが、でも、それにもかかわらず | 前の内容から予想される内容とは、逆の内容がくる | 彼女は幼少期をイギリスで過ごした。しかし、英語はほとんど話せない。 |
| 並列 | および、また、ならびに、かつ | 前の事柄に、あとの事柄を並べる | 彼は芸術家であり、また、経営者でもある。 |
| 添加 | そのうえ、しかも、さらに、そして | 前の事柄に、あとの事柄をつけ加える | このレストランの味はたしかだ。そのうえ、接客態度もすばらしい。 |
| 対比 | 逆に、一方、他方 | 前の事柄と、あとの事柄を対比する | A社は順調に業績を伸ばしている。一方、B社は低迷が続いている。 |
| 選択 | または、あるいは、それとも、もしくは | 前後の事柄のどちらかを選ぶ | 電車でいらっしゃいますか、それとも、車でいらっしゃいますか。 |
| 説明・補足 | なぜなら、ただし、なお、たとえば | 前の事柄について、あとから説明をつけ加える | 寝不足は解消すべきだ。なぜなら、健康のためには十分な睡眠が必要だからだ。 |
| 換言 | つまり、すなわち、要するに | 同じ内容を別の言葉で言い換える | 彼はとても誠実だ。つまり、信用できるということだ。 |
| 転換 | さて、では、ところで、それでは | 話題を切り替える | おいしいランチをいただいた。さて、このあとは何をしようか。 |

# 読点を適切に打ち、読みやすく明確な文に

文の読みやすさに大きく影響するのが、読点（とうてん）（、）の位置です。読点は、声に出して読むときの区切りであると同時に、意味のまとまりを示す記号です。読点を打つ位置によっては意味が変わってくることもあります。読みにくい文章にならないよう、適切な位置に読点を打ちましょう。

読点を打つ位置については、絶対的なルールはありません。ただし、目安はあります。おおむね下に挙げた５つの位置に打つとよいでしょう。

読点は多過ぎても少な過ぎても読みにくいものです。すらすらテンポよく読めて、かつ誤読されない位置に、読点を打つことを心がけてください。

迷ったら一度音読してみて、誤読を招かないか、読みにくくないかを確かめましょう。読点を多用している場合は、そもそも文が長いかもしれません。文を２つに分ける、箇条書きで説明するなどの工夫も必要です。

## 読点を打つべき5つの位置

**1 接続助詞（〜ので、〜けれど、〜が　など）のあと**

例 今週は忙しいので、来週に変更します。

**2 接続詞（そして、しかし、なお、一方　など）のあと**

例 なお、日程については後日改めてご連絡いたします。

**3 長い主語のあと**

例 文章を書くときに気をつけていることは、リズムのよい文章を書くことです。

**4 状況・時・場所などを表す部分のあと**

例 アウトドアへの需要が高まっているいま、この商品を積極的に売り込むべきだ。

**5 述語と離れている主語のあと**

明日は、海の近くの小さなレストランで取材だ。

## 9 並列関係の語句は、品詞を統一する

原文 明日の予定は、パンフレット用の撮影と、新メニューの試食会をします。

**改善① 明日の予定は、パンフレット用の撮影と、新メニューの試食会です。**

**改善② 明日は、パンフレット用の撮影を行い、新メニューの試食会をします。**

書き言葉の場合、２つ以上の語句を並べる際に品詞が揃っていないと違和感があります。原文は、並列を意味する助詞「と」でつないでいるのに、品詞が揃っていません。改善①のように名詞表現で統一するか、改善②のように動詞表現で統一しましょう。

## 10 「○○たり、□□たり」は並列の形を守る

原文 週末は、本を読んだり、部屋の片づけをして過ごした。

**改善 週末は、本を読んだり、部屋の片づけをしたりして過ごした。**

「たり」は並列を示す助詞です。前項で述べたように、「並列関係の語句は、品詞を統一する」のがルール。「○○たり、□□たり」と、「たり」は両方の動詞につけて並列関係をはっきり示すのが原則です。

### プラスα（アルファ）

「私は本を読んだりして過ごした」のように、「読んだり」と対になる動作がない文も。この場合は「たり」１つで、読み手に別の「□□たり」を想像させています。ただ、このケースでは、「読むなどして」としてもよいでしょう。

## 「思われる」「だろう」を多用しない

温泉地の復興のためには、大型レジャー施設の誘致が必要だと考えられます。これが実現されると、周辺の旅館とのパックツアーなどの提案もしやすくなると思われ、観光客の増加につながると思われます。

**温泉地の復興のためには、大型レジャー施設の誘致が必要だと考えます。これが実現すれば、周辺の旅館とのパックツアーなども提案しやすくなり、観光客の増加につながることが期待されます。**

説得力をもたせたい文章の場合には、曖昧な表現は多用しないようにしましょう。たとえば、「思われる」「考えられる」「らしい」「そうだ」「だろう」などです。特にビジネスでは、曖昧な表現は好まれません。

そもそも推量表現が続く文章は、原稿を書く前段階の準備が足りていない可能性があります。正確な情報を集め、できる限り断定的な書き方をするよう心がけましょう。

## 12 「れる」「られる」を使い過ぎない

助動詞の「れる」「られる」には、①受け身、②尊敬、③可能、④自発（自然とそうなる）の４つの意味があります。

文によっては複数の意味に解釈できることもあります。多用すると文意が曖昧になったり、読みにくくなったりするので、「れる」「られる」を多用しないようにしましょう。

たとえば、「絵画を見られる」という文の場合、尊敬の用法なのか、可能の用法なのか、判断できないことがあります。尊敬の用法なら「見られる」を「ご覧になる」など別の敬語表現に、可能の意味なら「～することができる」に、それぞれ言い換えることができます。

## 13 「ら抜き言葉」「さ入れ言葉」に注意！

原文Ⓐ 勝手に決めれません。

改善① **勝手に決められません。**

改善② **勝手に決めることができません。**

原文Ⓑ 資料を読まさせていただきました。

改善① **資料を読ませていただきました。**

改善② **資料を拝読しました。**

原文Ⓐは「ら抜き言葉」で、可能を意味する助動詞「られる」から、「ら」が抜け落ちています。原文Ⓑは「さ入れ言葉」で、本来はなくてもよいところに「さ」を入れてしまう現象です。「～させていただきます」とセットのときに、特に見られます。いずれも文法的には誤りです。

なお、「食べさせていただく」（下一段活用の動詞のあと）、「話させていただく」（サ行五段活用の語尾）は間違いではありません。「さ」の音がある言葉がすべて間違いではないので、注意が必要です。

迷ったときは口にして確認しましょう。不安なうちは、その都度ネットなどで調べてみるのもよいでしょう。間違いやすい言葉だと認識していることが重要なのです。このことは、「ら抜き言葉」も同様です。日頃から多くの用例に触れるようにしましょう。

**プラスアルファ α**

ら抜き言葉は、近年、口頭で使用するぶんには容認されつつあります。とはいえ、文章で見ると違和感を覚える人が多いでしょう。書き言葉では正しい表現を心がけたいものです。

## 「の」を3回以上続けない

明日のコンサートのプログラムの詳細を教えていただけますか。

**明日のコンサートのプログラムについて、詳細を教えていただけますか。**

1つの文の中に、助詞の「の」が連続して出てくると、読みづらいものです。「の」の連続使用は2回までにしましょう。

3回以上続いたら、必要のない「の」を省略したり、別の言葉に言い換えて改善しましょう。

## 15 助詞「が」「を」などの連続使用を避ける

店側がお客様が来店が楽しみになるような工夫をしなければならない。

**お客様が来店を楽しみに思うような工夫を、店側がしなければならない。**

---

この記事の内容を知る人を探すのをお願いしたいのです。

**改善① この記事の内容がわかる人を探すことに協力してほしいのです。**
**改善② この記事の内容がわかる人を一緒に探してほしいのです。**

原文Ⓐは助詞の「が」が3回続き、原文Ⓑは助詞の「を」が3回続いています。「の」に限らず、「が」「を」「は」「に」など、同じ助詞を連続させるのは避けたほうがよいでしょう。別の助詞や言葉に改めたり、語順を変えたりして、同じ助詞の重複を避けます。

## 16 1字で大違い！　助詞「が」「は」「で」

例文Ⓐ このタイトルが、よいと思います。

例文Ⓑ このタイトルは、よいと思います。

例文Ⓒ このタイトルで、よいと思います。

例文は、「タイトル」のあとの助詞が、それぞれ違います。「が」か「は」か「で」かの、たった1字の違いですが、印象が違いませんか。

例文Ⓐがタイトルを純粋にほめているように感じるのに対し、例文Ⓑは、それ以外のタイトルはあまりよくなかったことを暗示するようです。「は」には、多くの事柄から1つを選び出して強調するニュアンスがあるからです。また、例文Ⓒは妥協して決めたように感じられます。「〜でよい」という表現に仕方ないといったニュアンスがあるからです。

助詞は、単独では意味をなしませんが、文の印象を大きく左右する言葉です。助詞1つで誤解を与えないよう、適切な表現を心がけましょう。

**プラスα（アルファ）**

日本語の助詞の使い方については、一定のルールがあります。しかし、例外も多く、意味や用法をはっきりと定義しにくいのです。そのため助詞を使いこなすには、用例にたくさん触れる中で、どんな使い方が自然なのかを体得していくしかありません。

たとえば、「基本へ戻ろう」「基本に戻ろう」という表現。「基本に戻ろう」のほうが、より力強く、メッセージが伝わります。

書いた文章の助詞が適切かどうかは、読み手の気持ちになって読んでみることが大事です。時間はかかりますが、助詞の微妙なニュアンスを使い分けられるようになれば、文章上級者といえます。

# 「呼応の副詞」はセットで正しく使う

原文Ⓐ 明日はおそらく雨だ。

改善 **明日はおそらく雨だろう。**

---

原文Ⓑ 二人はまるで姉妹だ。

改善 **二人はまるで姉妹のように似ている。**

---

原文Ⓒ ぜんぜん大丈夫です。

改善 **ぜんぜん問題ありません。**

「おそらく」という推量の言葉を用いたら、「だろう」などの推量を表す言葉で受けなくてはなりません。比喩を表す「まるで」のあとは、「ようだ」や「ような」で受けます。打消しを表す「ぜんぜん」のあとは、「ない」「ありません」で受けるのが原則です。このように決まった表現で受ける副詞を、「呼応の副詞（または陳述の副詞）」といいます。

原文Ⓒの「ぜんぜん＋肯定表現」は必ずしも誤用ではないともいわれますが、違和感を抱く人も多いので、打消し表現とセットで使うのが無難です。

プラスアルファ α

副詞の中には複数の意味をもつものがあります。たとえば「まるで」は、「まるで理解できない」のように否定語をともなって否定の意味を強める用法もあります。呼応の副詞はあくまでも１つのパターンです。「まるで」ときたら必ず「ようだ」「ような」で受けるわけではなく、意味が異なればあとにくる言葉も変わります。

# 主な「呼応の副詞」

| 意味 | 副詞 | 呼応例 | 例文 |
|---|---|---|---|
| 推量 | おそらく | だろう／はずだ | おそらく社長は反対するだろう。 |
| 推量 | ひょっとすると | かもしれない | ひょっとすると社長は賛成するかもしれない。 |
| 打消し | ぜんぜん | ない | ぜんぜん問題ありません。／ぜんぜんおもしろくない。 |
| 打消し | 必ずしも | ない | 必ずしもうまくいくとは限らない。 |
| 打消し | 一概に | ない | そのアイデアも一概に悪いとはいえない。 |
| 比喩 | まるで | ようだ／ような／みたい | まるでライブ会場にいるような臨場感を味わえる。 |
| 比喩 | あたかも | ようだ／ような | 後輩の案を、あたかも自分で考えたような口ぶりで話し始めた。 |
| 仮定 | もし | たら／なら／ば／ても | もしプレゼンがうまくいけば、今日は部長がおごってくれるらしい。 |
| 仮定 | たとえ | ても | たとえ家族全員に反対されても、私の気持ちは変わりません。 |
| 準備 | あらかじめ | しておく | あらかじめ材料を用意しておく。 |
| 感嘆 | どんなに | ことか／ことでしょう | どんなに心配したことか。 |
| 希望・依頼 | ぜひ | ください／してほしい／たい | ぜひ弊社にお手伝いさせてください。 |
| 希望・依頼 | どうか | ください／してほしい | どうか助けてください。 |
| 理由 | なぜなら* | だからだ | 負けるべくして負けた。なぜなら、圧倒的に実力が足りなかったからだ。 |

＊「なぜなら」は接続詞です。

# 辞書とのつき合い方

## 意味だけではなく、例文にも目を通そう

文章力をつけたいなら、国語辞典を味方にしましょう。意味のわからない言葉に出あったら、辞書を引いてください。

そして、せっかく調べたのなら、例文まで読むのが賢い辞書の使い方。辞書編集者は膨大な用例を集め、それに基づいて言葉の意味を追究しています。実例が先で、意味があとなのです。だからこそ、例文まで目を通し、生きた日本語を味わいたいものです。

辞書ごとに特徴があり、説明も異なります。複数の辞書を読み比べて自分なりの結論を導くのも楽しいでしょう。

また、紙の辞書もWEB上の辞書も、それぞれによさがあります。長期的・総合的に語彙(ごい)力を高めたいなら、用例や用法、関連コラムまでじっくり読み込める紙の辞書がおすすめ。短時間で手軽に調べたいなら、WEB上の辞書がよいでしょう。特に、ほかの言い回しを探すときには、WEB上の類語辞典のほうが検索しやすく便利です。

### 主な国語辞典の特徴

| 辞典名 | 特徴 |
|---|---|
| 広辞苑 | 約25万語を収録。百科事典のような詳しい解説がほどこされた言葉も。 |
| 角川必携国語辞典 | 現代語の背景にある古文の世界からひもとき、言葉の繊細なニュアンスを解き明かしている。 |
| 明鏡国語辞典 | 「エモい」「推し」などの若者言葉も積極的に採録。 |
| 新明解国語辞典 | 個性的な語釈で、解説がおもしろいと評判。 |

2章

# 伝わる文章のテクニック

文章力に必要な要素とは？

文章のメソッド

# 文章力に必要な要素とは？

**文章を書くには７つの要素が必要です。語彙力、文法力、構成力、要約力、選択力、調整力、表現力の７つ。これらの要素を意識して実践を積んでいけば、必ず文章上級者になれるでしょう。**

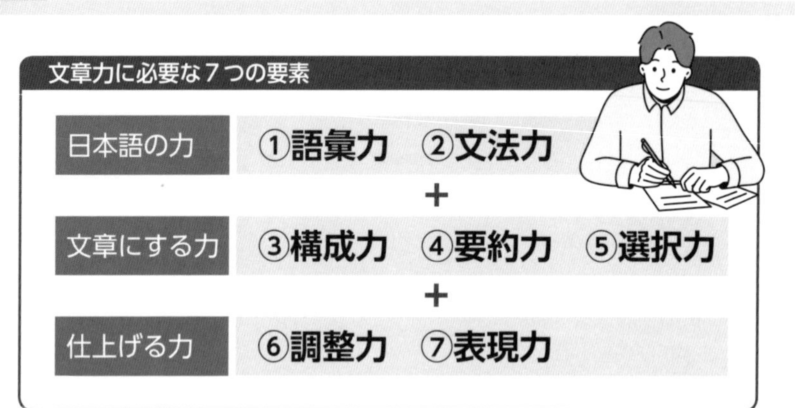


## 7つの力を積み上げて、文章上級者を目指そう

この本でいう「文章力」とは、「伝わる文章を書ける力」であり、さらに一歩進んで、「自分の文章で相手の心を動かし、実際の行動に移してもらうための文章を書ける力」です。

このような文章を書くための要素として、７つの要素を挙げました。７つの要素は大きく、「日本語の力」「文章にする力」「仕上げる力」の３つに分けることもできます。「日本語の力（①語彙力、②文法力）」をベースに、「文章にする力（③構成力、④要約力、⑤選択力）」を発揮して、「仕上げる力（⑥調整力、⑦表現力）」で文章を整えるのです。

41 ～ 43ページで、７つの要素がどのようなものかを解説します。それぞれのポイントをおさえて、文章力アップを目指しましょう。

## 文章力に必要な要素 ①語彙力（言葉のバリエーションをもち、使いこなす力）

言葉をたくさん知っているだけでは、語彙力が高いとはいえません。言葉をどれだけ知っていて、どれだけ状況に合わせて使いこなせるかが重要です。

たとえば、感謝の気持ちを伝える言葉ひとつとっても、「ありがとうございます」「感謝いたします」「感謝の気持ちでいっぱいです」「うれしい限りです」「光栄です」「恐れ入ります」「幸甚に存じます」「身に余るお言葉です」「足を向けて寝られません」……など、たくさんあります。言葉によって、感謝の度合いや微妙なニュアンスを伝えることができます。

もちろん、闇雲に難しい言葉を使う必要はありません。しかし、大の大人が「すごくうれしかったです」のような稚拙（ちせつ）な言葉遣いでは、あきれられてしまいます。意識的に語彙を増やし、また実際に使ってみて、自分の言葉にしていきましょう。

なお、最低限の語彙力として、漢字の誤表記や誤変換、慣用句などの誤用には、十分注意すること。言葉遣いのミスが多い文章は、説得力がありません。

## 文章力に必要な要素 ②文法力（敬語を含めた国文法を適切に用いる力）

文法上の誤りがないということは、信頼性の高い文章に不可欠な条件です。「てにをは」がおかしい、敬語が間違っているなど、文法や語法のミスに敏感な人もいます。そういう人は、文法ミスを見つけた段階で、その文章自体を信用しなくなります。35ページでも述べたように、助詞ひとつで意味やニュアンスが変わり、誤解を与えてしまうこともあるのです。敬語を含めた国文法を適切に用いて、信頼を勝ち得ましょう。

文法力が大事だとはいっても、国文法の初歩から体系的・網羅的に勉強する必要はなく、つまずきやすい点だけチェックすればよいのです。よくあるミスを防ぐだけで、門前払いを食うことはなくなります。

文法力をつければ最低限の信頼を確保でき、あとは内容面で勝負する、ということが可能になります。

## 文章力に必要な要素 ③構成力（文章全体の流れを組み立てる力）

語彙力や文法力を身につけても、文章全体の構成に問題があると、結局何がいいたいのかわからない文章になります。主張の曖昧な文章にしないためには、１章で解説した「文章の型」（➡P19～21）を習得するのが早道です。たとえば、主張・根拠・具体例の３点セット（➡P19）を使えば、説得力のある構成になります。

## 文章力に必要な要素 ④要約力（ポイントを見極め、端的に伝えられる力）

現代の多くの文章で求められているのは、読みやすさ、わかりやすさです。無駄に長い導入や、延々と続くエピソードはいりません。短く簡潔でありながら、すっと内容が入ってくる、そんな文章が理想的です。

## 文章力に必要な要素 ⑤選択力（書くべき情報、省いていい情報を判断し選択する力）

文章は簡潔さが大事です。たとえ重要な情報がたくさんあっても、それらをすべて書くわけにはいきません。情報の取捨選択、ランクづけが必要となります。

どの情報を選択するかは、文章の目的や読み手によって異なります。具体的な数字で細かいスペックを紹介するのが効果的なケース、具体的な描写で訴えたほうがよいケースなど、さまざまです。状況を踏まえ、文章の目的を明確化し、読み手を意識しながら、何を伝えるべきか考えることが重要です。

また、「余計なひと言」にも気をつけたいものです。たとえば、先輩のＡさん宛に「Ａさんの休憩中に、企画書を作成しました。ご確認ください」というメール。たとえ事実だとしても、「Ａさんの休憩中に」のフレーズは嫌味な感じで、必要ありません。シンプルに「企画書を作成しました。ご確認ください」と書くほうが、先輩としても「早いな。早速確認しよう」と快く対応できます。

## 文章力に必要な要素 ⑥調整力（読み手に合わせて表現方法を調整できる力）

読み手や意図に合わせて、文体や伝え方を工夫できるのが、調整力です。具体的には、使用する語彙レベルやたとえ話、文章構成などです。文章の硬さ、やわらかさも、使い分けが必要でしょう。

目上の人に読んでもらうこともあれば、同僚同士のやり取りもあります。それぞれ特性の違う、不特定多数の人に読んでもらう文章を書くこともあるでしょう。また、目上の人といっても、一括りにはできません。関係性や状況によっては、あまりにもかしこまった言葉遣いが、相手の気分を害してしまうこともあります。

読み手の受け取り方を想像して、状況や用件によって、表現を柔軟に変えられる「調整力」が求められているのです。

## 文章力に必要な要素 ⑦表現力（工夫された表現、自分なりの表現で書く力）

ここまで述べてきた①から⑥までの「力」があれば、合格点の文章を書くことは十分可能です。

しかし、文章力に上限はありません。プラスアルファの表現テクニックを身につけることによって、「より伝わる、洗練された文章」が書けるようになります。

たとえば、比喩やエピソード、慣用句などを上手に盛り込むと、いきいきとした表情豊かな文章になります。文章は具体化したほうがパワーをもつのです。抽象的な理屈だけでは、五感に訴え、感動する表現にはなりません。

読み手に響くフレーズや描写を上手に書けるようになるには、本をたくさん読んだり、広告を参考にしたり、短歌や俳句の世界をのぞいてみたりするなど、さまざまな形で「文章」に触れることが大切です。

文章を見る・読むというインプットと、書くというアウトプットを積み重ねて、コピーライティングのような工夫された表現、自分なりの表現をぜひ見つけましょう。

# 文章のメソッド

1章で解説した文章の型や基本ルールを頭にたたき込んだら、次は「より相手に伝わる文章」を目指して、文章テクニックを磨きましょう。文章をよりすっきりさせる方法、書き出しや文末表現のポイントなどを紹介します。

## 1 難しい言葉は、わかりやすい言葉に

当該の件は問題山積です。両者の理解に齟齬がないよう、先方と協議いたします。

**この件は問題が山積みです。お互いの理解にずれがないよう、先方と協議いたします。**

**この件にはたくさんの課題があります。お互いの理解にずれがないよう、先方としっかり話し合います。**

難しいことをやさしく書ける人が、本当にうまい書き手です。一読してすっと理解できるレベルの語彙(ごい)、言葉遣いを心がけましょう。

どこまでやさしくするかは相手にもよります。ビジネス上でのやり取りなら、改善①ぐらいのやさしさでも十分わかりやすいといえます。しかし、相手やシーンによっては、改善②ぐらいの表現が望ましいケースもあります。

重要なのは、読み手を思い浮かべ、その人の立場や感覚に基づいて、相手にとっての読みやすさを考えながら書くことです。

プラスα(アルファ)

難しい言葉を簡単な言葉に置き換えたい場合は、類語検索（辞典）を活用すると便利です。

## 「漢字3：ひらがな7」。漢字を使い過ぎない

先日は御忙しい所、有難う御座いました。

**先日はお忙しいところ、ありがとうございました。**

パソコンで文章を作成すると、必要以上に漢字変換をしてしまうことがあります。しかし、漢字が多いと見た目に黒々として読む気がなくなります。一方で、ひらがなばかりの文章も区切りがわかりにくく、読みづらいものです。割合は「漢字3：ひらがな7」が目安です。

また、使っている語句自体が難しいと、おのずと漢字は多くなります。前項で述べたように、わかりにくい言葉や硬い表現はやさしい言葉に。漢字とひらがなの使い分けについては、次のようなポイントがあります。

### 漢字とひらがなの使い分けのポイント

**■補助的な動詞や形容詞はひらがなにする**

例 やって行く➡やっていく／食べて見る➡食べてみる／見て欲しい➡見てほしい

**■「事」「時」などの形式名詞はひらがなにする**

例 読んだ事がある➡読んだことがある／困った時には➡困ったときには／出かける所です➡出かけるところです

**■難しい・堅苦しい表現はやさしい言葉に換える**

例 過日➡先日／暫時（ざんじ）➡しばらくの間／逐次（ちくじ）➡順次／履行（りこう）➡実施／懸念する➡心配する／乖離（かいり）している➡かけ離れている／資する➡役立てる

**■読めなそうな動詞はひらがなにする**

例 窘める→たしなめる／漲る➡みなぎる／捗る→はかどる

## 3 専門用語やカタカナ語を多用しない

原文 案件Aについてはクリティカルな問題が発生したため、いったんペンディングにさせていただきます。

改善 **案件Aについては深刻な問題が発生したため、いったん保留にさせていただきます。**

専門用語や業界用語の連発にも、要注意です。社内のやり取り、同業者同士であれば当たり前に通じる用語も、外の人にはなじみがないことが多いものです。読み手のことを考えた言葉を選びましょう。

カタカナ語（外来語）も同様です。原文の「クリティカル」は、致命的な、深刻な、という意味。「ペンディング」は、保留、先送り、という意味です。わかりにくいカタカナ語は日本語に改めましょう。カタカナ語の言い換えについては143ページも参照してください。

## 4 「こと」を多用しない

原文 お客様が望むことをしっかり聞くことが、サービスの向上に欠かせないことである。

改善 **お客様の望みをしっかり聞くことが、サービスの向上に欠かせない。**

原文は、１文の中に「こと」が３回出てきます。「こと」は便利で使いやすい言葉ですが、連続すると読みにくいばかりか、稚拙（ちせつ）な印象を与えます。

原文の「こと」は形式的な名詞で、実質的な意味はありません。改善例のように、「お客様が望むこと」は「お客様の望み」と言い換え、「欠かせないこと」の「こと」は省いたほうがスマートです。不要な「こと」は取る、直せるなら熟語に直す、という形で、「こと」の使用を減らしましょう。

# 5 同じ言葉を繰り返さない

原文 昨日の飲み会、お疲れ様でした。また、相談にのってくださり、ありがとうございました。先輩のアドバイス、とても参考になりました。先輩のアドバイスのおかげで、仕事への意識がとても高まりました。今後ともご指導よろしくお願いします。

改善 **昨日の飲み会、お疲れ様でした。また、相談にのってくださり、ありがとうございました。「無理だと思ってから30分粘る」という先輩の言葉が、胸に響いています。先輩のアドバイスのおかげで、仕事への意識がいっそう高まりました。今後ともご指導よろしくお願いします。**

「こと」に限らず、1つの文章の中で、立て続けに同じ言葉が続くと、しつこいうえに稚拙な印象を与えます。同じ言葉が続くときは、不要な言葉を取り除いたり、別の言葉に置き換えたりして、重複をなるべく避けましょう。

原文は「先輩のアドバイス」が2回、「とても」が2回登場しています。文末も「ました」が3回続き、リズムがよくありません。

改善例では「とても」の1つを「いっそう」に改めました。「先輩のアドバイス」については、具体的にその内容を書くことで、重複を避けるだけでなく、より思いが届く表現にしています。

文末表現も変化が出るように改めました。文末表現については54ページで詳しく解説していますので、参考にしてください。

プラスα（アルファ）

言葉の繰り返しを避けるには、書いた文章を読み返すことが大事です。類語検索（辞典）などを利用して、表現をよりよくしようと言葉を探す習慣もつけましょう。

# 「こそあど言葉」を多用しない

新商品Aの売上が伸び悩んでいます。その理由はいくつか考えられます。それらをしっかり分析したうえで、その商品の売上の改善を図るにはどうしたらよいか、明日の会議で話し合います。それぞれ意見・アイデアをまとめておいてください。

**新商品Aの売上が伸び悩んでいます。売上不振の理由はいくつか考えられます。理由をしっかり分析したうえで、売上の改善を図るにはどうしたらよいか、明日の会議で話し合います。各自、意見・アイデアをまとめておいてください。**

「この」「その」「あの」「どちら」などの指示語（こそあど言葉）をむやみに使うと文章がくどくなるので、注意してください。使い方を誤ると、何を指し示しているのかがわからない、意味不明な文章になることもあります。読み手を混乱させる指示語の多用は避けましょう。

指示語を使っていいのは、指し示すものがはっきりしているときだけです。わかりにくくなりそうなときは、多少くどくても、元の言葉を書きましょう。

指示語は、同じ言葉を繰り返さないですむという点では便利な言葉ですが、安易に使ってはいけない言葉なのです。

プラスα（アルファ）

「前者」「後者」の使用も、読みやすさという観点では、おすすめしません。「前者って何のことだっけ？」「どっちが前者でどっちが後者？」という引っかかりが生じやすいからです。

「前述のとおり」「先ほど説明したように」などの表現も、読み手がすぐに把握できない場合があります。「先ほど述べたように、○○とは□□のことでした」などと、改めて説明を入れると親切です。

# 具体的な数字で説得力を出す

あの鯛焼き屋は、とても人気がある。

**あの鯛焼き屋では、１日2,000個の鯛焼きが売れるそうだ。**

当社は急成長中です。

**当社は昨年度、年商10億円を突破しました。**

**当社は、創業５年で業界ナンバー３になりました。**

**当社の利益は、前年比30％増です。**

数字は、客観的な指標であるだけに、誰にも文句をいわせないパワーがあります。つまり、説得力があります。

原文Ⓐに示した「とても」などの強調表現や、「高い」「大きい」などの形容表現を使う際には、数字で置き換えられないかを検討してみるとよいでしょう。

原文Ⓑの「急成長」も、どれくらいの成長ぶりなのかが曖昧（あいまい）な言葉です。実際の金額（改善①）や順位（改善②）などで、説得力をもたせたいところです。一方で、実際の売上金額や順位ではインパクトがないケースもあります。その場合は、前年比、利益率、業界内シェアなど、「割合」で示すとよいでしょう。改善③のように、前年と利益を比較して「前年比30％増」とすることで、順調な成長ぶりをアピールできます。

**プラスα（アルファ）**

高さや大きさなどを感覚的にイメージさせたいときには、「東京タワーを見下ろせる高さ」「富士山の高さの○倍」「東京ドーム○個分」のように、よく知られているものと比較して表現する方法があります。

## 8 意味が重複する表現はなるべく避ける

工場の再稼働日はまだ未定です。少なくとも、約1週間程度かかる見込みです。一刻も早く再開できるよう尽力を尽くします。

**工場の再稼働日は未定です。少なくとも約1週間かかる見込みです。一刻も早く再開できるよう尽力いたします。**

同じ意味の言葉を重ねた言葉を、「重言（じゅうげん）」や「重ね言葉」「二重表現」といいます。原文の「まだ未定」「約1週間程度」「尽力を尽くします」は、いずれも重言です。改善例のように「未定」「約1週間」「尽力します（いたします）」に言い換えても、意味は変わりません。

重言表現は、稚拙（ちせつ）でくどい印象を与える一方で、意味を明確にしたり強調したり、リズムを整えたりする面もあります。そのため、口頭ではかなりの頻度で使われています。たとえば、「第1回目」「まず最初に」「過半数を超える」「犯罪を犯す」などは一般に広く使われ、辞書によっては必ずしも不適切な表現ではないとされています。

しかし、文章にすると違和感があったり、しつこい印象を受けたりするのも事実です。簡潔さが求められる文章では、削れる言葉は削り、言い換えられる言葉は言い換えて、できるだけ意味が重複している表現を減らすようにしましょう。

**プラスα（アルファ）**

同じ意味の語を重ねて意味を強めた言葉は、実は結構あります。たとえば「むやみやたらに」「好き好んで」「びっくり仰天」など。
特に多いのは四字熟語で、「完全無欠」「無我夢中」「悪戦苦闘」「自由自在」などがあります。すでに慣用表現になっているものも多く、そうした言葉はもちろん誤用ではありません。

## 主な重言表現と書き換え例

**重言表現 ➡ 書き換え例**

✕あらかじめ予約する ➡ ○予約する
✕いまの現状 ➡ ○現状／現在の状況
✕沿岸沿い ➡ ○沿岸／海岸沿い／海沿い
✕炎天下のもと ➡ ○炎天下
✕お体をご自愛ください ➡ ○ご自愛ください
✕各社員ごと ➡ ○各社員／社員ごと
✕加工を加える ➡ ○加工する
✕過信し過ぎる ➡ ○過信する／信頼し過ぎる
✕必ず必要 ➡ ○必要／必ずいる
✕車に乗車する ➡ ○乗車する／車に乗る
✕すべて一任する ➡ ○一任する／すべて任せる
✕整合性を整える（合わせる） ➡ ○整合性をもたせる／整合性を図る
✕そもそもの発端は ➡ ○そもそもは／発端は
✕だいたい10人ぐらい ➡ ○だいたい10人／10人ぐらい／約10人
✕次の後継者 ➡ ○後継者
✕内定が決まる ➡ ○内定する
✕はっきり断言する ➡ ○断言する／はっきり言う
✕１つに統合する ➡ ○統合する／１つにまとめる
✕満天の星空 ➡ ○満天の空
✕店に来店する ➡ ○来店する／店に来る
△遺産を残す ➡ ○財産を残す
△いちばん最初に ➡ ○最初に／いちばん先に
△違和感を感じる ➡ ○違和感がある（生じる）／違和感を覚える（抱く）
△後遺症が残る ➡ ○後遺症が出る
△被害を被る ➡ ○被害にあう／損害を受ける
△注目を集める ➡ ○注目を浴びる／注目される
△従来から ➡ ○従来／以前から
△製造メーカー ➡ ○メーカー／製造会社／製造業者

＊✕は一般的に誤用とされる表現。
＊△は慣用になっていたり、強調などのために用いたりすることがある表現。

# 不要な接続語はカットする

犬との散歩が日課だ。しかも、1日2回は行く。さらに、雨の日も雪の日も欠かしたことはない。しかし、先日の台風の日は、さすがに断念した。すると、愛犬がすねてしまった。そこで、その日は愛犬の大好きなスペシャルジャーキーで、彼のご機嫌をとることとなった。

改善 **犬との散歩が日課だ。1日2回、雨の日も雪の日も欠かしたことはない。しかし、先日の台風の日は、さすがに断念した。愛犬がすねてしまったので、その日は愛犬の大好きなスペシャルジャーキーで、彼のご機嫌をとることとなった。**

文章を組み立てるうえで、接続語は重要な役割を果たしています。しかし、接続語が過剰だと、かえって読みづらいものです。文章の勢いや流れをさえぎってしまい、ブツ切りの印象になってしまうからです。

改善例のように接続語を減らしても、同じ内容を伝えることはできます。文章を書き終わったら、読み返して不要な接続語を削りましょう。必要なところにだけ残っているほうが、文意もよく伝わります。

なめらかで読みやすい文章としては、5、6文に1回程度、接続語が入っているかいないかぐらいが、ちょうどいいでしょう。

ここが大切！

「だから」「そこで」「したがって」といった順接の接続語は、なくても意味が通じることが多いので、優先的に削ってもよいでしょう。逆接の接続語も削ることは可能ですが、むやみに削ると、文と文との関係性がわかりにくくなります。文意がしっかり伝わるか確認しながら、不要な接続語をカットしましょう。

## 10 逆接の接続語が連続していたら見直しを

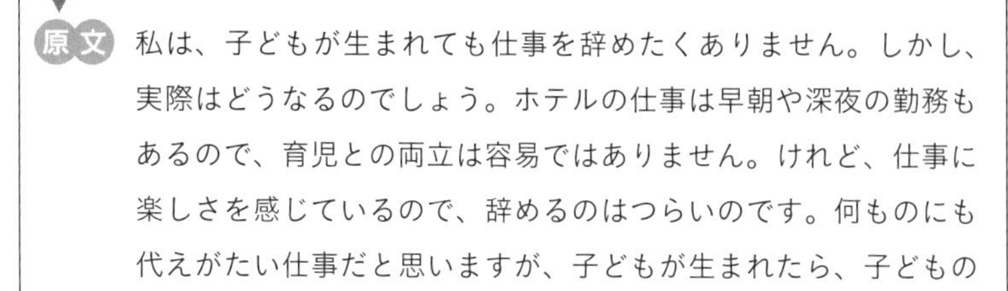
**原文** 私は、子どもが生まれても仕事を辞めたくありません。しかし、実際はどうなるのでしょう。ホテルの仕事は早朝や深夜の勤務もあるので、育児との両立は容易ではありません。けれど、仕事に楽しさを感じているので、辞めるのはつらいのです。何ものにも代えがたい仕事だと思いますが、子どもが生まれたら、子どものそばにいて成長を見守りたいとも思います。

**改善** **私は、子どもが生まれても仕事を辞めたくありません。仕事に楽しさを感じているので、辞めるのはつらいのです。いまの仕事は何ものにも代えがたいと思っています。しかし、ホテルの仕事は早朝や深夜の勤務もあるので、育児との両立は容易ではありません。やはり、子どもが生まれたら、子どものそばにいて成長を見守りたいとも思います。**

「しかし」「だが」などの逆接の接続語が連続していたら、議論がまとまっていない証拠。「Aの主張→反対のBの主張→とはいえAの主張→そしてやはりBの主張……」と、非常にまわりくどく、いいたいことが伝わらない文章になっているのです。「Aの主張→Bの主張」となるように、似た意見を１か所にまとめ、逆接の接続語が１回ですむように議論を整理しましょう。

**プラスα（アルファ）**

最終的な文章では接続語を減らすべきですが、書く途中では接続語入りで文を組み立てるのがおすすめ。接続語はわかりやすく論理的な文章を書くうえで力を発揮します。たとえば、主張を書いたら、セットで「なぜなら」を思い浮かべれば、根拠を書く癖がつきます。説明が長くなったら、「つまり」を意識すれば、意見を端的にまとめられます。

## 11 文末に変化をつけて、リズムのよい文章に

愛犬との生活が私を変えました。インドア派だった私が、すっかりアウトドア派に変わりました。表情も明るくなりました。久しぶりに会った友人は、「そんなに感情表現がオーバーだったっけ？」と驚いていました。

**愛犬との生活が私を変えました。インドア派だった私が、すっかりアウトドア派に変身。われながら表情も明るくなったと思います。久しぶりに会った友人は、「そんなに感情表現がオーバーだったっけ？」と驚いていました。**

「〜です。〜です。〜です。」や、「〜ました。〜ました。〜ました。」のように、同じ文末ばかり続くと、単調なうえに稚拙（ちせつ）な印象を与えます。文章のリズムもよくありません。同じ語尾を連発せず、変化をつけるように心がけましょう。

「です・ます調」なら、「〜ではないでしょうか」「〜に違いありません」「〜のはずです」「〜と考えられます」などの言い回しを上手に使い回せば、単調さは軽減されるはずです。右ページの「文末表現のバリエーション」を参考にしてください。

文末に変化をつける際には、名詞や代名詞で終える「体言止め」を用いるのも効果的です。しかし、あまり多用すると、カジュアルになり過ぎて品のない文章になります。改まった表現を用いるビジネスの文章とは、特に相性がよくありません。体言止めは、私的な文章で用い、かつ最小限の使用にとどめましょう。

そのほか、文末だけ直すのではなく、文の構成自体を組み直してみるのもひとつの方法です。

同じ意味の文章でも、主語を入れ替えるなど語順を変えることで、文末表現が自然と変わることもあります。

# 文末表現のバリエーション

| 意味 | です・ます調 | だ・である調 |
| --- | --- | --- |
| 断定 | ～です／～ます／～のです／～に違いありません／～にほかなりません／～といえます／～といわざるを得ません／～ものです | ～だ／～である／～なのだ／～なのである／～に違いない／～にほかならない／～といえる／～といわざるを得ない／～ものだ |
| 推量 | ～でしょう／～ではないでしょうか／～になるはずです／～と考えられます／～と思われます／～と推測されます／～とされています | ～だろう／～ではないだろうか／～ではなかろうか／～になるはずだ／～と考えられる／～と思われる／～と推測される／～とされる／～とされている |
| 疑問 | ～ですか／～でしょうか | ～だろうか |
| 伝聞・様態 | ～そうです／～ようです／～らしいです | ～そうだ／～ようだ／～らしい |
| 提案 | ～ください／～ましょう／～ませんか | ～してほしい／～しよう |
| 否定 | ～ません／～ないでしょう | ～ない／～まい／～ないだろう |
| 過去形 | ～ました／～でした／～しました | ～た／～だった／～であった／～した |

気をつけたいのは、文末の変化を意識するあまり、曖昧(あいまい)な語尾が多くなったり、まわりくどい言い回しを多用したりすることです。特にビジネスの文章では、曖昧な表現は好まれません。文末表現の変化を優先するあまり、説得力のない文章になってしまっては本末転倒です。

## 12 詳しい描写で五感に訴えかける

原文 私が生まれ育ったのは、何の変哲もない田舎町。自然ばかりが豊かで、大した刺激のない退屈な町だ。

改善 **単線のローカル線は1時間に2本。最寄り駅までは自転車で30分。休日ともなれば、老いも若きもこぞってショッピングセンターに行く。そんなありふれた町で私は育った。**

もっと表情豊かな文章にしたい、いきいきとした文章にしたいと思ったら、具体的な描写で印象づけましょう。詳しい描写は映像を想起させる力があり、読み手を一気に引き込みます。商品のPRやイベントの告知、お店の紹介文などに活用できる技法です。

ただし、描写をだらだらと長く続けるのはよくありません。長い割に情報の少ない、薄っぺらい文章になるからです。抽象的な内容と具体的な内容、一般的な記述と個別的な記述を組み合わせて、バランスよく書くように心がけましょう。

## 13 比喩やたとえ話は「絶妙さ」が求められる

比喩表現も、五感を刺激する文章表現のひとつです。ただし、比喩表現を使うときは、「絶妙さ」が求められます。当たり前のことをいっては意味がありませんし、奇をてらっても読み手は冷めてしまいます。使い古された比喩や、わかりにくい比喩もよくありません。

読み手が特定されているなら、読み手の引き出しにあるものを比喩にすると、共感を得やすくなります。裏を返せば、同じ表現を使っても、ターゲットによって強く共感する場合もあれば、まったくかすりもしない、ということがあるわけです。

ここぞというところで効果的に比喩が使えたら、文章上級者です。

# 14 的確な慣用句でニュアンスを伝える

文章が単調になりがちなときは、慣用句を取り入れてみるのもおすすめ。慣用句はポジティブな文脈かネガティブな文脈かなど、ニュアンスを豊かに伝えることができる表現です。そのため内容は同じでも、読み手の印象を変えることができます。慣用句を使えば、まるで映像が浮かぶように、文章がいきいきしてくるのです。

たとえば、単に「疲れた」というのではなく、「足が棒になった」だったら、身体的に疲れている様子が目に浮かんできます。「精も根も尽き果てた」なら、疲れてすっかり気力をなくしてしまった姿を想像できます。

音読みの熟語表現ばかり使うよりも、慣用句を使うことでやわらかくこなれた印象を与えることができるのです。ただし、多用するとうっとうしい文章になるので注意してください。

慣用句のほかに、四字熟語も印象的に表現できます。知性や力強さを感じさせるので、ここぞというところで投入し、文章を引き締めましょう。

### 慣用句・四字熟語を使った例

- 1日中立ち仕事で**足が棒になった。**
- アクシデントの連続で**精も根も尽き果てた。**
- 先方はこちらの出した条件に**難色を示しています。**
- **身に余る**大役ですが、謹(つつし)んでお受けいたします。
- **襟(えり)を正して**、業務に邁進(まいしん)いたします。
- 彼はなかなか**骨のある**人物だ。
- いったん**白紙に戻させて**ください。
- それは**言語道断**です。
- **誠心誠意**対応いたします。
- これでは**本末転倒**といわざるを得ません。

# 書き出しのパターンを覚える

文章の書き出しに悩む人は多いものですが、書き出しにはいくつかパターンがあるので、それを覚えて活用しましょう。

書き出しのパターンは、大きく次の２つに分類できます。①文章の内容がすぐにわかる書き出しと、②読み手を惹きつける書き出しです。

報告書や企画書などビジネスの文書は、①のカテゴリです。結論から書くのが原則なので、書き出しに凝る必要はありません。

一方、商品・サービスのPR、お店の紹介、イベントの告知、ブログなどは、「相手を惹きつける書き出し」が求められます。下に挙げた６つのパターンの中から適切なものを選んで書いてみてください。

### 「相手を惹きつける書き出し」の6つのパターン

**1 読者に問いかけて、考えさせる**

例 年の離れた人とのコミュニケーションに悩んだ経験はないだろうか。

**2 意外な事実、データを提示する**

例 もっとも離婚率が高いのは、沖縄県だそうだ。

**3 セリフや情景描写から始める**

例「裕ちゃん、元気?」と町を歩けば必ず誰かが声をかけてくる。

**4 誰もが共感し、うなずくようなことを話題にする**

例 お金の心配もなく、健康な体で老後を送りたい、と誰もが思うだろう。

**5 時事ネタから始める** ＊古びてしまいやすい点は注意

例 先月閉幕した○○オリンピックでは〜

**6 挑発的な言葉を突きつける**

例 誰一人私の味方はいない、そう思っていました。

## 短い文章でも「伝わる」文章にする

私は、３歳から12歳までをアメリカで過ごした。そのためか、よほどのことがない限り本音を口にしなかったり、「能ある鷹は爪を隠す」といって実力を隠したりする日本人の性質は、頭ではわからなくはないものの、感覚的にはピンとこないところがある。

改善 **長くアメリカで暮らしていた私は、日本人のはっきりとものをいわない性質がピンとこない。**

もっと端的にメッセージを伝えたいとき、あるいは、文字数に制限があるときには、改善例のように思い切って情報をそぎ落としましょう。

原文の結論は、「日本人の性質にピンとこない」という点です。この結論の場合、「長い海外経験がある」ことを伝えれば十分です。日本人の性質についても、長々と書かれた説明をひと言にまとめました。

一段上の文章力を目指すなら、このように具体例を抽象的に要約する力も求められます。

## 「対比」「理由」「例」で厚みをもたせる

スポーツをするのが好きだ。

**スポーツは観戦するよりも実際にプレイするほうが好きだ。**【対比】
**仲間と汗を流すのは気持ちがいい。**【理由】
**最近はフットサルやマラソンを楽しんでいる。**【例】

内容をふくらませたいときは、改善例のように「対比」「理由」「例」の３つの要素を盛り込みましょう。俄然、いきいきとして、「伝わる文章」に早変わりします。

## 18 推敲のポイント

推敲（すいこう）とは、文章をよくしようと何度も考え練り直すことです。文章を書き終わったら、時間の許す限り推敲して完成度を高めましょう。

誤字・脱字がないかといったミクロな視点はもちろん、文章全体を見わたすマクロな視点も重要です。伝わるはずという思い込みを捨てて、きちんと伝わるか、説明の不足がないかをしっかり確認しましょう。

文章のリズム、漢字とひらがなのバランスも確認します。全体ができあがってはじめて見えてくる構成上の欠陥もあるかもしれません。必要とあらば、大胆に順序を入れ替える勇気も必要です。

推敲するときには、声に出して読んだり、パソコンで書いたものを印刷したりするのがおすすめです。書いている最中とは違った形で見ると、自分の文章を客観的にチェックできます。一晩寝かせてから読んだり、場所を変えて読んだりするのも効果的。新鮮な目でチェックできるはずです。

### 文章構成上のチェックポイント

- はっきりと結論を書いているか（または、書き出しは興味を惹くものか）
- 締めくくりは納得できるか
- わかりやすい順序か（または、ドラマチックな順序で書いているか）
- 意見と具体例がかみ合っているか
- 題名、件名は内容と結びついているか
- 伝えたいことが、強調されているか
- 当初の目的を果たす文章か

### 表現上のチェックポイント

- 漢字、慣用句、敬語は正しいか
- 表記の統一がされているか
- 主語と述語、目的語と述語がかみ合っているか
- 1文が長過ぎるところはないか
- 幼稚な言葉や話し言葉を使っていないか
- 数字や比喩でわかりやすくできないか
- 読点の位置は適切か
- 無駄な言葉や表現はないか
- 文章のリズムが単調になっていないか
- 文章がくどくないか

## まわりくどい表現をすっきりさせた例

**■なくても伝わる言葉をそのまま削る**

●私としては、その意見に賛成です。➡**私はその意見に賛成です。**

●外国に住むということは新たな挑戦です。➡**外国に住むことは新たな挑戦です。**

●明日からジョギングを始めたいと思います➡**明日からジョギングを始めます。**

●感染者が増加してきています。➡**感染者が増加しています。**

●基本的に私は運動が得意です。➡**私は運動が得意です。**

**■文中のまわりくどい表現を簡潔にする**

●このフライパンは使い勝手がいいということで人気です。

➡**このフライパンは使い勝手がいいので人気です。**

●すぐ不安になってしまいます。➡**すぐ不安になります。**

●大会議室を使うことができます。➡**大会議室を使えます。**

**■文末のまわりくどい表現を簡潔にする**

●彼女の言動がトラブルを招いたといっても過言ではない。

➡**彼女の言動がトラブルを招いたといえる。**

●彼の実力を認めざるを得ない。

➡**彼の実力を認める。／彼の実力を認めるしかない。**

**■長い表現を短い表現にする（名詞化する）**

●後発企業のわが社にとって何よりも重要なのは、会社の知名度を上げることです。➡**後発企業のわが社の優先課題は、認知度向上です。**

●わからないところはありますか。➡**不明点はありますか。**

**■重複している言葉を１つにまとめる**

●教育費の増加と医療費の増加が、国民の負担になっている。

➡**教育費と医療費の増加が、国民の負担になっている。**

**■同じ言葉を繰り返さない**

●日本という国はどんな国なのだろう。➡**日本はどんな国なのだろう。**

# 「名文」に触れて文章力の土台を作ろう

## 語彙や表現は読書を通じて蓄積される

豊かな語彙(ごい)力・表現力は、小説やエッセイに学びましょう。好きな書き手の本をたくさん読んでいると、知らず知らずのうちに語彙やリズムが移り、表現力が磨かれるもの。また、気になった表現を書き写したり、声に出して読んだりするのも、文章修業になります。

広告のキャッチコピーや、歌詞に触れるのもおすすめ。限られた文字数で、読み手・聞き手に響くフレーズを生み出す技術は、人を惹きつける文章を書くうえで役立ちます。

また、簡潔さが鉄則の実用文の腕を磨くなら、事実を明瞭に伝えるニュースや新聞、専門的な内容をかみ砕いて説明した新書・入門書が大いに参考になります。読みやすいと思ったところを分析してみるとよいでしょう。

### ぜひ読んでほしい名文５選

| 作家・作品名 | 特徴 |
|---|---|
| 夏目漱石<br>**『草枕』** | 初期の作品。１枚の絵画のような作品を目指して書かれた。筋らしい筋はなく、美の世界がそこにある。 |
| 芥川龍之介<br>**『蜘蛛の糸』** | 芥川が子ども向けに書いた作品群は、読みやすく、同時に美しい調べのある日本語になっている。 |
| 志賀直哉<br>**『城の崎にて』** | 無駄のないリズミカルな文体が、作家志望の若者のバイブルに。短編が多く、近代文学初心者にもおすすめ。 |
| 幸田文<br>**『流れる』** | 父・幸田露伴も著名な作家。まさに「流れる」ように読み進めさせる、生命力のある文体。 |
| 川端康成<br>**『雪国』** | ノーベル賞作家。人の世の悲しさと美しさを巧みな描写でつづる作品。冒頭が特に有名。 |

# 3章 ビジネス文書・私信でのポイント

ビジネスシーンでの文章のコツ

手紙やメールで私信を送るコツ

SNSで惹きつける文章を書くコツ

# ビジネスシーンでの文章のコツ

**企画書、依頼書、お礼状、プレゼン資料、日々の「報連相（ほうれんそう）（報告・連絡・相談）」など、ビジネスシーンでは文章作成の機会が多々あります。文章力は働くうえで必須のスキル。ビジネスならではのポイントをおさえましょう。**

## 具体的に伝える

Ⓐ 原文 会議の資料は早めに用意いたします。

改善 **5日の会議の資料は、明日（3日）の15時までに用意します。参加メンバー5人にメールでお送りします。**

Ⓑ 原文 9月10日付けで発注いたしました事務机が、未着になっています。

改善 **9月10日付けで発注いたしました「事務机A-11型」3台についてご連絡いたします。納品予定日の9月25日を過ぎ、本日9月28日現在、未着になっています。**

ビジネスの文章は正確性が求められます。原文Ⓐのように「早めに」という言葉では、実際にはいつ用意できるのかがわかりません。日時、人数、個数などは具体的に数値で示しましょう。

原文Ⓑのように商品についてやり取りするときは、商品番号を具体的に記述します。

「わかっているはず」という思い込みは捨てて、読み手がいちいち確認しなくてもすむような文章を送ることが大切です。本来1往復のやり取りですむところを、文章の不備のために何往復もするのは、お互い時間の無駄です。読み手への思いやりをもって、わかりやすく状況を説明しましょう。

## 2 目的をはっきり書く

原文　5日の会議の資料をお送りします。

改善　**5日の会議の資料を作成しました。**
**添付にてお送りしますので、ご一読お願いいたします。**

ビジネスの文章は、読む相手の具体的なアクションを引き出すことが目的です。

原文は、資料を送ったという事実だけを書いていますが、送ったあとに相手に期待するアクションをひと言添えると、より効果的な文章にすることができます。

資料を送るのは会議を有意義なものにするためであり、送ったあとに目を通してもらうことこそが、資料を送った真の目的だからです。

「それで、どうすればいいの？」「結局何がいいたいの？」と、読み手を困惑させないように、何をしてほしいかを明確に伝えましょう。

## 3 事実の裏打ちがある意見を述べる

原文　商品Aはもう売れないようなので、販売中止にすべきです。

改善　**商品Aは半年間、毎月10％前後、売上が落ちています。販売中止にすべきです。**

原文は、書き手の個人的な感想しか書いておらず、主観的な文章です。原文のままでは説得力が足りません。

改善例のように客観的な事実が書かれていれば、「販売中止にすべき」という意見に多くの人が納得できるでしょう。しかも具体的な数値が書かれていれば、事実の客観性はさらに増し、より説得力が出ます。

## 4 結論を先に書く

原文 10日は午前中に社外で打ち合わせがあり、午後は工場で新商品のサンプルチェックを行います。○○社へ12日までにサンプルを提出しなければならないので、急ぎチェックをしなければなりません。申し訳ありませんが、10日の社内会議には参加できません。

改善 **申し訳ありません、10日の社内会議には参加できません。当日は午前中に社外で打ち合わせがあり、午後は工場で新商品のサンプルチェックの予定です（○○社へのサンプル提出期限は12日です）。**

ビジネスの文章は結論を先に書くのが原則です。長いメールでのやり取りも、冒頭で結論を述べれば、要点がすぐ伝わります。原文は一見ていねいな文章ですが、要点がなかなか伝わらず、忙しい上司をイライラさせてしまいます。

報告書やレポート、企画書、提案書、議事録などの長めの文章では、特に、結論を先に書くことが求められます。先が見えない文章よりも、ゴールがわかっている文章のほうが、はるかに内容を理解しやすいからです。

また、結論を先に書くことは書き手にもメリットがあります。結論を書いたら、あとは必要最低限のことを書き、文をつないでいけば形になります。内容や文字数に応じて、結論以降の細部（理由、具体例）をふくらませたり縮めたりすればよいのです。

**ここが大切！**

背景や理由から書いていると、なかなか結論までたどりつけず、無駄に時間を費やしてしまうことも。結論を先に書いたほうが、そのあとの文章はグッと書きやすいはずです。まず結論を書いてしまいましょう。書き終えた文章を読んで、伝わりづらいとか、流れがいまひとつだと思ったら、順番を入れ替えてもよいのです。

# 箇条書きを活用する

**例文** ランチの新メニューについて、評価をまとめました。材料費が安くすむため価格を据え置きしながら、他店にはない新しいメニューに挑戦できるのは、大きなメリットだと考えます。

**プラス面**

**1. おいしい**

…日本人の舌にも合いそうだと試食したスタッフには好評

**2. 価格を据え置きできる**

…材料費は現在のランチメニューよりおさえられる

**3. 見た目が華やか**

**4. 他店にはない新しさがある**

**マイナス面**

**1. 盛りつけの技術力で仕上がりに差が出る**

…写真つきのマニュアルと研修で対応

**2. 日本人にはなじみが薄い料理である**

…メニュー表に写真と説明を入れ、おすすめ品としてアピールする

プラス面とマイナス面、メリットとデメリット、使用前と使用後などのように対比して論じるとき、あるいは情報量が多いときには、箇条書きを活用しましょう。箇条書きを使うと情報が整理され、ポイントが明確になります。余白もできるので、見た目にもすっきりとします。

箇条書きは、文末表現を揃えるのが基本となり、次のいずれかに揃えましょう。

●名詞、代名詞などの体言で終える（例：価格の上昇/価格が上昇）

●動詞、形容詞などの用言で終える（例：価格が上昇する）

このほか、箇条書きを用いることは、書き手にとっても有効な方法です。頭の中が整理され、情報の過不足や内容の矛盾に気づきやすくなります。箇条書きでポイントを整理してから、文章を作成するのもよい方法です。

## 6 指示内容や報告は5W1Hで確認する

原文 会議の議事録を送ってください。

改善 **山口さん、販促会議お疲れ様でした。５日の12時までに、今日の販促会議の議事録を作成してメールで送ってください。会議の参加メンバー全員に送信願います。会議の内容を共有・実践して、ぜひ新商品の売上アップにつなげましょう。よろしくお願いします。**

５Ｗ１Ｈとは右下のような内容です。１つずつ埋めるつもりで書けば、わかりやすく状況を伝えることができます。部下に指示を出す際、あるいは上司に報告をする際は、５Ｗ１Ｈを意識して簡潔かつ具体的に説明しましょう。

上の原文の業務指示を５Ｗ１Ｈに落とし込むと、次のようになります。

- **When**…５日の12時までに
- **Where**…（パソコンのメールの中）
- **Who**…山口さんが会議の参加メンバー全員に
- **What**…今日の販促会議の議事録を
- **Why**…会議の内容を共有・実践して新商品の売上アップにつなげるために
- **How**…作成してメールで送る

この例では場所はあまり関係がないので省いていますが、強いていえば、パソコンのメールの中になります。また、業務指示では「Why（なぜ）」を省くことが多いですが、当たり前のことでもひと言書くと、より伝わる文章になります。こうしたひと言が社員の士気を高めたり、チームの結束力につながったりします。

なお、会議やイベントなどの案内をする際にも５Ｗ１Ｈを意識すると、漏れがなく伝えることができます。

**5W1Hとは**

- **When**…いつ
- **Where**…どこで・どこに
- **Who**…誰が・誰に
- **What**…何を・何が
- **Why**…なぜ
- **How**…どうした・どうする・どうやって

## 7 テンプレートを作って、時短につなげる

ひと口にビジネスの文章といってもさまざまな種類があります。仕事の内容や立場によって、よく使う文面というものがあるはずです。若手の社員であれば、書類やパンフレットの送付状、次回の打ち合わせ日時のリマインドメール、会議用資料や議事録などを関係者に送付するメールが多いかもしれません。そうしたよく使う文面についてはテンプレートを作っておけば、文章をすばやく作成できます。企画や報告をまとめたりする際にも、おおまかなテンプレートを作っておくと便利です。

## 8 テンプレートは5W1Hプラスαで作る

テンプレートは、5W1H（➡P68）をベースに、必要に応じて項目をプラスするとよいでしょう。よく追加されるのは、数量や規模を表す「How many（どのくらい）」や、価格を表す「How much（いくら）」で、この2つを加えたものは「5W3H」ともいわれます。

テンプレートの項目を埋めてから文章を作成すれば、漏れのない説得力のある文章ができるはずです。テンプレートを活用することで明快な「報連相（ほうれんそう）（報告・連絡・相談）」が可能になります。

なお、テンプレートの項目を毎回すべて埋める必要はありません。必要な情報・不要な情報を整理するという意味でも十分役立ちます。

### 5W1H以外にテンプレートに書き加えるといい項目

- **報告書**…読み手にしてもらいたい行動（検討してほしい、具体的に対応してほしい、理解してほしいなど）や、今後の対策
- **企画書**…予算や実現のための準備計画、リスク想定、対応策など
- **発注書**…金額と個数
- **始末書・顛末書**…再発防止策と反省の意
- **お礼状**…お礼の言葉

## 9 伝えづらいことはクッション言葉でソフトに

原文　明後日までに修正してください。

改善　**大変お手間をおかけしてしまうのですが、明後日までに修正していただけないでしょうか。**

ビジネスを進めるうえでは、ときに伝えづらいことも伝えなくてはなりません。たとえば、これまで続けてきた契約を更新しないとか、依頼を断るとか、大幅な修正をしてほしいとか、そういったことです。

伝えづらいことを伝えるとき、役に立つのが「クッション言葉」。クッション言葉は、相手が不快感や嫌悪感を抱かないように、少しでもやわらかく伝えるために添える言葉です。

たとえば何かを断るときには、「あいにくですが」「お手伝いしたいのはやまやまですが」などの言葉をつけて残念さをにじませます。何かを頼むときは、「恐れ入りますが」「大変お手間をおかけしてしまうのですが」などの言葉をつけて恐縮する気持ちを表現します。

また、遠慮する気持ちを示す際には文末も変えると、よりソフトな表現になります。「～してください」といわずに、「～していただけないでしょうか」のような疑問文で、相手の意向を尋ねるようにするのです。ほかにも「～していただけましたら幸いです」のようなやわらげ方もあります。

クッション言葉は、「依頼・提案・お願い（➡P286）」「断り（➡P316）」「催促（➡P331）」「反論（➡P340）」「相談・問い合わせ（➡P353）」など、さまざまなシチュエーションで使えます。

**ここが大切！**

クッション言葉やソフトな文末表現で謙虚な姿勢を伝えることで、今後の人間関係が気まずくなったり、仕事上のつながりが断たれたりする状況を防ぎます。

# 10 読み手に合わせて文章の硬軟を使い分ける

上品でていねいな言葉遣いをマスターすることは大切なことです。ただし、もう何年ものつき合いのある取引先に、あまりに改まった言葉遣いで連絡すると、むしろ相手の気分を害しかねません。ていねい過ぎると、かえって嫌味で誠意が感じられないこともあります。あるいは、打ち解けた関係だと思っていたのは自分だけだったのか……、などと余計な気をもませてしまうこともあるでしょう。

たとえば、打ち合わせの際に手土産のお菓子をもらい、そのお礼をする同じシチュエーションでも、相手や状況によって言葉遣いは変わります（下記の表参照）。社内の身近な関係者と気を遣う取引先、あるいはメールでのやり取りと文書の発送、このようなさまざまな状況による言葉の硬軟の使い分けが重要になります。

表現の引き出しをたくさんもっていて、状況に合わせて最適な文体で書ける力が、特にビジネスでは必要なのです。

## TPOによって使い分けるお礼メール

[打ち合わせの際に手土産の菓子をもらった場合]

| 相手 | お礼の文面例 |
|---|---|
| 同部署で、年の近い先輩に対するメッセンジャーアプリなど | **お菓子ありがとうございました！　とってもおいしかったです。** |
| 社内の相手、長年つき合いのある取引先 | **素敵なお菓子、ありがとうございます。部署のみんなでおいしくいただきました。** |
| 取引先の上司 | **ていねいなお土産の品まで頂戴しまして、誠にありがとうございます。** |
| 初対面の相手 | **お気遣いをいただき、かえって恐縮しております。** |
| 特に気を遣う相手で、手書きのお礼状を出す場合 | **格別のお心遣いを賜りましたこと、心よりお礼申し上げます。** |

# ビジネスメールの基本をおさえる

件名：10月22日（水）14時の打ち合わせについて（確認） ①

メールの例文

株式会社○○社
営業部　橋本一郎様 ②

お世話になっております。
西東商事の中村です。 ③

先ほどお電話でお約束した次回打ち合わせについて、
念のため日時等お知らせいたします。

●日時：10月22日（水）14時～
●会場：当社会議室
●テーマ：新商品のインターネット販売について ④

当日は上司の遠藤も同席させていただきます。
お忙しいところ恐れ入りますが、よろしくお願いいたします。 ⑤

株式会社西東商事　開発部　中村優佳
〒000-0000　○○県○○市○○１－21－３
TEL：000-000-0000　FAX：000-000-0000
Email：○○○○@○○○○.co.jp
URL：http://○○○○.co.jp/ ⑥

## ビジネスメールの基本構成

| 番号・要素 | 内容 |
|---|---|
| ①件名 | 読み飛ばされないよう件名は具体的に書く |
| ②宛名 | 社外メールは、会社の正式名称、部署名、肩書きを入れ、フルネームで書く。ある程度関係性ができてきたら、肩書きや名前などを省略することも。社内メールは「営業部　○○様」「営業部　○○部長」など |
| ③あいさつ | 社外なら「お世話になっております」、社内なら「お疲れ様です」が定番。相手や状況に合わせて調整する。自分のことも名乗る。頭語・結語、時候のあいさつは不要 |
| ④主文 | 最初に結論（要点）を書き、簡潔にまとめる。箇条書きや余白（➡P67、P73）を利用して、読みやすい文面にする |
| ⑤結び | 「よろしくお願いいたします」など。状況に合わせて調整 |
| ⑥署名 | 詳しい社外用と、簡略化した社内用の、２つの署名があると便利 |

##  改行はまめに。適度に余白を作り読みやすく

日本語の文章は行頭を１字下げるのが基本ですが、メールの場合は１字下げをせず、行頭を左端に揃えます。その代わり、適度に空白行を入れます。具体的には２～５行に１回、空白行が入ると読みやすいでしょう。

また、１行の文字数も少なめにします。見やすいのは、最大でも１行が25～30字くらいのメールです。読点を打つタイミングなど、内容の区切れるところで改行し、どの行も30字を超えないようにしましょう。

##  ビジネスメールを送る前のチェックポイント

社内・社外問わず、ビジネスでは日々多くのメールをやり取りしています。気軽に書いてぱっと送れるツールだからこそ、送信前のチェックが欠かせません。読み手に伝わる文面か、相手に失礼がないかしっかり確認しましょう。

また、ビジネスパーソンに重要なのは、TPOに応じた適切な言葉遣い。

特に社外メールは、会社や組織の信用にもつながります。ていねいな言葉遣いを心がけ、固有名詞や役職名の間違いには十分注意しましょう。

### 送信前の主なチェック項目

- 件名は具体的かつ簡潔か（件名だけで内容が伝わるように）
- 敬語や慣用表現は適切か
- 誤字・脱字はないか
- 金額や日程、電話番号などの数字に間違いはないか
- 必要な５Ｗ１Ｈが漏れなく入っているか
- 固有名詞（会社名、個人名、商品名など）は正しいか
- 役職名は正しいか
- 結論・要旨がすぐに伝わる文章になっているか
- 相手に求めること（期待するアクション）は書かれているか
- 主観的な文章になっていないか
- 冷たい表現になっていないか
- 見やすいレイアウトか（改行、余白、箇条書きなど）
- 添付ファイルは重くないか

# 手紙やメールで私信を送るコツ

**贈り物のお礼や懇談会のお知らせなど、プライベートでも文章をやり取りする機会はあります。文章ツールも手紙、メール、LINEなどのメッセンジャーアプリとさまざま。それぞれのポイントを確認しましょう。**

## 1 基本構成を覚えれば手紙が書きやすくなる

前文
①拝啓　②春風の候、③伯母様におかれましては、お変わりなくお過ごしのことと存じます。

主文
④この度は、長女花音の入学に際して、多大なお心遣いをいただきまして、誠にありがとうございました。花音もとても喜んでおり、いただいたお祝いで自転車を購入させていただく予定です。
⑤落ち着きましたら改めてごあいさつに伺いたいと思っております。

末文
⑥季節の変わり目ですので体調を崩されませんようくれぐれもご自愛くださいませ。
まずは書中をもちましてお礼申し上げます。
⑦敬具

後付
⑧○○年○月○日
⑨宮本遥香
花音
⑩佐々木礼子様

上の例文に示したように、手紙の構成は大きく４つのブロック、細かく分けると10の要素に分けられます。この基本構成を頭に入れながら、送る相手や用件によって言葉遣いの硬軟を使い分けて書くとよいでしょう。

# 手紙の基本構成

| ブロック | 要素 | 内容 |
| --- | --- | --- |
| 前文 | ①頭語 | 会話でいう「こんにちは」。親しい間柄なら省略も可 |
| | ②時候のあいさつ | 「こんにちは」のあとの「今日はいい天気ですね」にあたるもの。時季ごとの文例（➡P188～191）もあるが、自分なりに表現した言葉でもよい。お詫びの手紙は、時候のあいさつなしで本題に入る |
| | ③相手を気遣う言葉と近況 | 「お変わりありませんか」などの言葉。目上の人には、「お変わりなくお過ごしのことと存じます」のように質問形式をとらずに書く。自分の近況を簡単につけ加えてもよい |
| 主文 | ④本文 | 「さて」「この度」などの書き出しで本題に入る |
| | ⑤今後への言葉 | 「改めてごあいさつに伺いたい～」「末永くお力添えを賜(たまわ)りますようお願い申し上げます」など、今後も関係を続けていきたい気持ちを表現 |
| 末文 | ⑥締めくくる言葉 | 健康を願う言葉を添えたり（➡P212～215）、直接出向かず手紙ですませることを簡単に謝罪したりする |
| | ⑦結語 | 会話でいう「さようなら」。親しい間柄なら省略も可 |
| 後付 | ⑧日付 | 投函日。行頭から２字分くらい下げて書く |
| | ⑨差出人 | 下のほうに書く。日付と同じ行でもよい |
| | ⑩宛名 | 宛名は最後に。日付より高い位置にくるようにする |

主な頭語と結語のセット

| 手紙の種類 | 頭語 | 結語 |
| --- | --- | --- |
| 一般の手紙 | 拝啓 | 敬具 |
| 改まった手紙 | 謹啓 | 謹言<br>謹白<br>敬白 |
| 前文を省略する場合 | 前略 | 草々 |

身近な親戚など親しい間柄の人に出す場合やカジュアルな文面の場合には、横書きでもかまいません。基本的な形式は縦書きも横書きも変わりませんが、横書きの手紙の場合、宛名は最後ではなく、最初に左詰めで書きます。

## メールなどでお礼を伝えるときは簡潔に

件名：**友樹へのお心遣いありがとうございます**

メールの例文

お父様、お母様

この度は、友樹の小学校入学にあたり、
心のこもったお祝いをいただきありがとうございました。

昨日、無事に入学式を終えました。
今朝は真新しいブルーのランドセルを背負って、
元気に登校しました。

入学式の写真を添付します。
ちょっとお兄さんらしくなったかな？

また、近いうちに遊びにいらしてください。
季節の変わり目ですので、どうか風邪などひかれませんように。

メッセンジャーアプリの例文

この度は陽菜のためにランドセルを贈っていただき、ありがとうございました。陽菜は大好きな水色のランドセルに大喜びです。さっそく背負って、入学式を今か今かと心待ちにしています。

15:30

（ランドセルを背負った写真を添付）

普段からメールやLINEなどのメッセンジャーアプリでやり取りをしている関係なら、それらでお礼をしてもよいでしょう。決まった形式はありません。ていねいさを保ちながら、普段の関係性で言葉を選んでください。

また、メールやメッセンジャーアプリのよさは気軽に写真を送れるところです。文面に沿った内容や家族の近況がわかる写真を添付すると喜ばれます。

##  案内メールは出欠確認や会費のことを明確に

件名：【出欠確認1/15締切】○○サークル懇親会のご案内

メールの例文

○○サークルメンバー各位

○○サークルの伊藤です。

皆様におかれましては、ますますご活躍のことと存じます。

さて、新年を迎え、メンバー相互の結束と懇親をはかるため、
サークルの集まりのあとに、
以下のとおり懇親会を開催いたします。
ふるってご参加くださいますようお願い申し上げます。

出欠の回答は1月15日（木）までに、
下記、伊藤のメールへお願いします。

==================================================
◆日時：1月30日（金）18時～
◆場所：居酒屋○○○
URL：http://○○○○.jp/
所在地：○○県○○市○○○／電話番号：000-000-0000
◆会費：4,000円（当日、会場にて集金いたします）
◆出欠の締め切り：1月15日(木)
◆連絡先：伊藤（○○○○@○○○○.com ／ 000-0000-0000）
※28日以降のキャンセルについては、会費のご負担をお願いいたします。
==================================================

懇親会や歓送迎会、忘年会などの案内文には、次の情報を盛り込みます。

- **開催日時**
- **開催場所**（地図の記載のあるURLなどもあると親切）
- **会費**（金額に加え、集金方法も記載）
- **出欠の締め切り**（メールか電話かなど回答方法も記載）
- **キャンセル規定**（トラブルを防ぐため、必ず明記する）
- **連絡先**（質問などがある人に対して）

# SNSで惹きつける文章を書くコツ

SNSツールなどを使って、不特定多数の人に向けて文章を書く人も多くなりました。ここでは、好感をもたれる文章、炎上しにくい文章という観点でポイントをまとめます。

## 1 読み手に役立つ情報や共感ポイントを入れる

読まれる文章を書くためには、読み手にとって役に立つ情報を入れるよう意識することが大事です。読み手の「へえ」「なるほど」を引き出すのです。特別なことを書く必要はありません。自分の日々の出来事をメインで書くにしても、その中の一部に役立つ情報を入れましょう。

たとえば、書き手が実際に利用している店や地元のお気に入りの場所は、一部の人にとって有用な情報かもしれません。何年も前から実践していることや使っているアイテムなど、自分にとっては当たり前のことも、ある人にとっては、目からうろこの新しい情報かもしれないのです。

加えて、「共感」も大きなポイント。読み手の「わかるわかる」「それあるある」を引き出すのです。共感を得るには、自分の体験を具体的に書くとよいでしょう。特に失敗談は人の共感を得るのに効果的な話題。仕事でもプライベートでも、そこに人となりが見えると、共感しやすくなるものです。そういう意味では、失敗談はうってつけのネタといえます。

**プラスα（アルファ）**

ネタに困ったときは、自分が抱いている疑問を調べて記事にするのもおすすめ。あなたの知りたいことが、読み手にとっても同様に知りたいことかもしれません。「へえ」「なるほど」と思ったことをSNSで共有するとよいでしょう。

## タイトルで惹きつける

よくできた文章も、タイトルが平凡だとなかなか閲覧数につながりません。たとえば、「新年早々…」という内容がわからない漠然としたタイトルよりも、「新年早々、骨折した話」と具体的に示したほうが読みたくなります。さらに、「新年早々骨折して、ただいま入院中」となれば、骨折のエピソードに加えリアルな入院生活の話だとわかり、ますます興味がわいてきます。「入院中」というワードから入院生活に興味のある人が読むかもしれません。

具体的なタイトルにする以外にも、注目を集めやすいタイトルのポイントがいくつかあるので覚えておくとよいでしょう。

**注目を集めやすいタイトルづけのポイント**

- 内容がわかるように具体的につける
- 問いかけ、考えさせる
- セリフにする
- 誰もが共感するツボをつく
- 実利をアピールする
- 具体的な数字を入れる
- 意外な事実、データを紹介する
- インパクトのある強めの言葉を取り入れる
- 挑発的なフレーズを使う
- 時事ネタを取り入れる（古びてしまいやすい点は要注意）

## 改行、余白は多めに。適度に小見出しも

ブログなどの文章は、ビジネスメールのレイアウト（➡P72）と同様に、行頭は1字下げをせず左端に揃えます。見やすさの観点から、こまめに改行し、空白行を入れるのが一般的です。ビジネスメールよりもさらに細かく改行します。2～3行または100字を目安に改行するとよいでしょう。

また、並列の情報は箇条書きを活用して、見やすいレイアウトにしましょう。小見出しをこまめに入れて、要点をわかりやすくすることも最後まで読ませるコツです。

# 4 事実と意見は区別して書く

原文 お笑いコンテストで芸人Aが優勝したけど、芸人Bがいちばんおもしろかった。芸人Aが優勝なんてほんとあり得ない!!

改善 **お笑いコンテストで芸人Aが優勝した。芸人Bは3位。でも私は芸人Aより芸人Bのほうがおもしろかったと思う。**

どこまでが事実でどこからが個人的な意見なのかが、よくわからない文章が数多くあります。そうした文章は信頼性に欠けます。

ときには「それは違う！」「そんな意見はおかしい！」と敵対的なリプライ（返信）が飛んでくることもあります。書き手は個人的な意見として書いたつもりでも、読み手の中には事実と意見の区別がつかずに、過剰に反応する人もいます。ときには、エスカレートして炎上に発展してしまうケースもあるでしょう。

余計なトラブルを避けるためにも、事実と意見をはっきり分けて書く習慣をつけましょう。意見に関しては、文末を断定的に書かないようにします。「と思う」「と感じる」「だろう」「ではないか」「と思われる」のようにすれば、絶対の事実ではないことが伝わります。

また、自分の文章を読み返したときに、右のような主観的な表現が含まれていたら、その部分はあくまで個人的意見として打ち出すか、単なる感情や憶測で終わらせないような客観的裏づけを添えるか、どちらかにしましょう。

- おもしろい
- すごい
- 嫌いだ（好きだ）
- いちばん
- やばい
- あり得ない
- 当たり前だ　など

ここが大切！

人に対する評価は特に意見が割れるもの。個人的な意見を断定的に書くのは危険。攻撃的な口調で安易に投稿するのは賢明ではありません。

# 5 お店の紹介文は具体的な特徴を書く

原文 リーズナブルな焼鳥屋です。豚や野菜の串焼きも充実。ほかでは見かけないメニューもたくさんありました。いくら丼もおいしかったですね。吉祥寺駅南口からすぐ。雨でも傘をささずに行ける距離です。お酒も安く、楽しく飲める雰囲気なので、気の置けない友人との飲み会に。

改善 **吉祥寺駅南口からすぐの安くておいしい焼鳥屋。鳥はもちろん、豚や野菜の串焼きも充実。「もちベーコン巻き」や「絶品生ラム」など、あまり他店では見かけない串もありました。北海道から空輸しているという「いくら丼」もおいしかったです。お酒も安く、メガジョッキ（中ジョッキの3倍）の角ハイが450円！　店員さんも気さくで、楽しく飲める雰囲気です。少し店内が狭いので、仲間うちの飲み会に。**

グルメレビューは、立地・業態・価格帯など、お店選びに不可欠な情報から書いていくとよいでしょう。メニューや店の雰囲気は具体的に紹介します。「リーズナブル」「メニューがたくさん」では当たり前。改善例のように、具体的なメニュー名や値段を示して、読み手にイメージがわくように伝えます。

さらに、海鮮がおいしいイメージの「北海道」、鮮度が期待できそうな「空輸」のように、読み手を惹きつけるキーワードをちりばめる方法も有効。読み手の「おいしそう！」「食べてみたい！」を引き出しましょう。

**プラスα（アルファ）**

お店紹介は、起承転結（➡P21）で書くのもおすすめ。知る人ぞ知る隠れ家風のレストラン、古い外観なのにおいしいお店、有名チェーン店の隠れた絶品メニューなどを書く場合には、特に効果的でしょう。

# 「やさしい日本語」の広まり

## 外国人にも日本人にもわかりやすい日本語

「やさしい日本語」とは、日本語に不慣れな外国人にもわかるようにした簡単な日本語。たとえば次のように書き換えます。

●土足厳禁➡靴(くつ)を脱(ぬ)いでください

●電車は運転を見合わせています➡今(いま)、電車(でんしゃ)は止(と)まっています

元は阪神・淡路大震災のときに被災した外国人の中に、日本語も英語も十分に理解できず必要な情報を受け取れない人が多かったことから考案されたものです。近年は、行政情報や生活情報、外国人労働者とのコミュニケーション、インバウンドビジネスでの実践など、さまざまな分野で活用されています。

NHKでは、2012年から、「やさしい日本語」を用いたWEB上のニュースを提供開始。「NEWS WEB EASY」というこのサイトは、外国人だけでなく日本人の小・中学生も対象にしています。「やさしい日本語」は、子どもや高齢者、障がいのある人などにとってもわかりやすい情報伝達手段といえます。

## 「お役所言葉」もわかりやすくなる？

一方で、日本人向けの公的な文書・書類の言葉遣いについても、わかりやすい表現に言い換える動きがあります。いわゆる「お役所言葉」の改善です。たとえば、次のように書き換えます。

●可及的速やかに➡できるだけ早く

●周知徹底されたい➡皆さんにお知らせしてください

こうした取り組みは、ビジネスなどの実用文を作成するうえでも参考になりそうです。

# 文章力を上げる語彙力

意味の取り違いが多い言葉

言い間違いが多い言葉

書き間違いが多い言葉

似た言葉の使い分け

同音・同訓異義語の使い分け

文章に使えることわざ・四字熟語

# 意味の取り違いが多い言葉

本来の意味とは違う意味で使われている言葉は意外と多いものです。意味を誤解したまま文章を作成すると、教養がないと思われるばかりでなく、ときには相手を不愉快にさせてしまうこともあります。

## 煮詰まる

△議論が行き詰まって、新たな案が出ない状態

**〇議論が十分なされ、結論が出せる状態**

料理の「煮詰まる」は、十分煮込んだ煮物の水気が飛んで味が凝縮し、仕上がった状態です。議論が「煮詰まる」のも、元々は同じ趣旨です。しかし、「行き詰まる」などとの混同からか、議論が行き詰まり、新たな展開が期待できない状態で使うことが多くなっています。

行き詰まるという意味の言葉には「膠着（こうちゃく）状態」「袋小路」などがあります。「議論が膠着状態になり、なかなか結論が出ない」のように使います。

例 **議論が煮詰まったので、結論に移ります。**

## うがった見方

×疑ってかかった見方

**〇物事の本質を捉えた見方**

「うがつ（穿つ）」は穴を開けるという意味で、転じて、物事を深く掘り下げて的確に捉える意味でも使われるようになりました。「ひねくれた見方」の意味だと思っている人が多いのですが、本来はプラスの意味で使う言葉です。

例 **彼は、うがった見方ができる頭のよい人です。**



＊△の意味は、誤用が浸透し認められつつあるものです。

## 気が置けない／気の置けない

× 相手に気配りや遠慮をしなくてはならない
**○ 相手に気配りや遠慮をしなくてよい**

「置けない」という打ち消し表現にネガティブな語感を感じるからか、あるいは「気を許せない」との混同からか、ネガティブな表現だと思われがちです。しかし、本来は打ち解けた相手に対して使うポジティブな意味の言葉。

元々「気を置く」という言葉は、配慮することを意味します。したがって、「気が（の）置けない」は、配慮する必要がないという意味です。

なお、現在はほとんど使われませんが「気の置ける人」という言い方もあり、こちらは配慮が必要な人という意味になります。この場合は、「彼女は気が置ける人なので、一緒にいるととても疲れる」のように使います。

例 彼女は気が置けない友人なので、一緒にいてとても楽しい。

## なおざり

× その場しのぎの間に合わせの言動をする
**○ いい加減にして放っておく、おろそかにする**

「なおざり」と似ている言葉に「おざなり」があります。×のほうの意味は「おざなり」の意味で、「おざなりな回答ばかりで話にならない」のように使います。「なおざり」と「おざなり」は、いい加減という共通の意味がありますが、次のような違いがあります。

- 「なおざり」は、問題をわかっていながら放置して何もしない
- 「おざなり」は、いい加減ながらも何かしらのアクションは起こす

ちなみに漢字表記だと、「なおざり」は「等閑」、「おざなり」は「御座なり」と書きます。語感は似ていますが、言葉の由来はまったく別なのです。

例 少子化対策をなおざりにしているのではないでしょうか。

## しめやか

✕ 厳粛に、おごそかに

**〇ひっそりと静かに、悲しみに沈んでいるさま**

単に静かなさまというだけではなく、しんみりとしていて悲しげな様子をともなう言葉です。そのため「結婚式がしめやかに執り行われた」のように、晴れの日の儀式に用いるのは間違い。葬儀などの表現に使います。

**例 葬儀がしめやかに執り行われました。**

## すべからく

✕ すべて

**〇ぜひとも、当然に**

ぜひともしなければならないという意味で、語尾に「べし」「べき」をともなって使われることが多い言葉。漢字では「須らく」と書きます。「参加したランナーはすべからく完走した」のように、すべての意で用いるのは間違い。

**例 学生はすべからく勉学に励むべきです。**

## 琴線に触れる

✕ 怒りを買う

**〇感銘を受ける**

人の感受性を琴の糸にたとえた言葉。すばらしい芸術や音楽に触れ、心が震えるような感動を味わうさまを表した言葉で、よい意味で使います。激しい怒りを買うという意味の慣用句には「逆鱗(げきりん)に触れる」があります。

**例 彼女の情熱的な歌声が、私の琴線(きんせん)に触れました。**

## 話のさわり

× 話の導入部分

**○話の中心部分**

音楽や演劇作品の見どころ、聞きどころの意。あるいは話や文章の中心となるところ、もっとも感動的なところを指します。元は浄瑠璃（じょうるり）用語で１曲の中の聞かせどころを表した言葉。最初の部分という意味で使うのは間違い。

例 歌のさわりを聞かせてほしいといわれ、サビの部分を歌いました。

例 小説のさわりを聞いたので、どんな話なのかがよくわかりました。

## 当たり年

× よいことも悪いことも含めて何かが多い年

**○農作物の収穫が特に多い年、縁起のよい年**

農作物の収穫が多い年のことをいい、転じて、幸運な年の意味でも使われます。単に数が多いということで「台風の当たり年」などと表現するのは不適切。

例 今年は桃の当たり年です。

## 小春日和

× 春の時期の、穏やかな気候

**○晩秋から初冬にかけての時期の、穏やかな気候**

元々陰暦10月（現在の11月頃）の異名として、「小春」がありました。その時期の春のような陽気を「小春日和」と呼んでいます。晩秋から初冬にかけて使う言葉なので、春の気候を指していうのは間違いです。

例 小春日和の今日は、紅葉狩りのために多くの観光客が訪れました。

## 珠玉

×大小にかかわらず、すばらしいもののたとえ

**○小さいけれど、すばらしいもののたとえ**

「珠玉（しゅぎょく）」は真珠（珠）と宝石（玉）のことで、小さくても美しいもの、よいもののたとえ。特に詩文などを讃（たた）えるときに使います。大きくて立派なものをたとえるのはふさわしくありません。「珠玉の長編小説」のような使い方は間違い。

例 これは珠玉の短編小説です。 例 珠玉の一句を選びました。

## 佳境

×忙しいとき

**○物語などの特に魅力的な場面、おもしろい場面**

小説やドラマなどが盛り上がりを見せているときに使う言葉。「佳」は、優れている、美しいという意味なので、「例のプロジェクトが佳境を迎えて～」のように、単に山場を迎えたという意味で使うのは、なじみません。

例 ドラマが佳境（かきょう）を迎えていて、目が離せません。

## 役不足

×本人の力量に対して、役目が重過ぎる

**○本人の力量に対して、役目が軽過ぎる**

実力や立場から考えて役目が軽いときに使う言葉。したがって、謙遜のつもりで「役不足ですが精進いたします」とあいさつするのは間違いです。この表現だと「この役は自分には簡単過ぎる」という不遜な発言になっています。

例 彼のような優秀な人材が課長補佐では役不足ではないでしょうか。

## 対岸の火事

×他人にとって重大なことが、自分にも起こりそうで危険を感じる

**○他人にとっては重大なことでも、自分には関係なく何の苦痛も感じない**

向こう岸の火事はこちらの岸に飛び火してくる危険がないことからできた言葉。事件や出来事が自分には関係ないと傍観するときに使います。「A社の倒産は当社にとってもまさに対岸の火事だ」のような使い方は間違い。

例 A社の倒産を対岸の火事として軽視すべきではありません。

## 情けは人のためならず

×人への情けはその人のためにならない

**○人への情けは結局は自分のためになる**

人に親切にするのはその人のためにならないという意味で使うのは間違い。結局は自分に返ってくるから人には親切にせよ、というのが正しい意味です。

例 情けは人のためならず、人には親切にしよう。

## 他山の石

×他人のよい言動を見習い、参考にする

**○他人の誤った言動を、自分の学びにする**

よその山の粗悪な石でも自分の宝玉を磨く助けにはなる、という中国の故事から生まれた言葉。他人の誤った言動を自分の学びにすることをいいます。

例 同僚のミスを他山の石として、気を抜かずに頑張ります。

# 言い間違いが多い言葉

会話なら聞き逃されることが多い言い間違いも、書き言葉では、しっかり記録に残ってしまいます。勝手な思い込みで間違った使い方をしないよう気をつけましょう。

△ 愛想を振りまく

○ **愛想がいい**

「愛想」は人あたりのいい態度のことで、「愛想がいい」「愛想がない」「愛想をよくする」などと使います。振りまくのは「愛嬌」。「うちの愛犬は誰彼かまわず愛嬌を振りまく」のように使います。ただし、実際には「愛想を振りまく」を使用する人が多く、誤用ではないとする辞書もあります。

例 彼女はとても愛想がよく、仲間に慕われています。

× 取りつく暇がない

○ **取りつく島がない**

漂流中の船が頼りにするのは、着岸できる島。しかし、その島が見つからない（=取りつく島がない）ことから、頼れるものがない状態をいう慣用句になりました。現在では、頼みごとをしても取り合ってくれない（=その相手を頼れない）状況を表すのに使われます。「取りつく島もない」とも。

例 課長に職場環境の改善を提案しましたが、「それは無理」の一点張りで、取りつく島がありませんでした。



＊△は、誤用が浸透し認められつつあるものです。

## × 寸暇を惜しまず
## ○ 寸暇を惜しんで

「寸暇(すんか)」はわずかな時間の意。「惜しむ」はこの場合、もったいないので大切にする意。つまり、「寸暇を惜しんで」とは、わずかな時間も無駄にしないで大切にするという意味です。「惜しまず」だと否定形なので、大切にしないという意味になり、間違いです。なお、「合格するために努力を惜しまない」などの「惜しまない」は、出し惜しみしない（＝もったいないので大切にするということをしない）という意味なので、正しい表現です。

例 資格取得のために、寸暇を惜しんで勉強に励みました。

## × 明るみになる
## ○ 明るみに出る

「明るみに出る」は、文字どおり明るいところに出ること。転じて、隠されていたことが公になるという意味で使われます。一般に、よい意味では使われません。一方、「明るみになる」は、単に「明るいところになる」という意味です。「隠されていたこと」と関係なくなってしまい、意味が通りません。

例 企業ぐるみの偽装が明るみに出ました。

**プラスα(アルファ)**

「明るみに出る」の同義語に「明らかになる」があります。「明らかになる」は、よいことにも悪いことにも使える言葉。「人気俳優の○○が、映画で主演することが明らかになった」のように使います。

× 押しも押されぬ

○ **押しも押されもせぬ**

「押しも押されもせぬ」は、いくら押してもびくともしないというところから、地位が確立し、揺るぎない、堂々とした状態を意味します。後半部分は、「押されぬ（押せない）」ではなく、「押されもせぬ(押されもしない)」が正解です。

例 彼女は押しも押されもせぬ大スターになりました。

× 足元をすくわれる

○ **足をすくわれる**

「すくう（掬う）」は、下から上へ急に持ち上げるようにする意。思いがけない手段、卑劣な手段で失敗させられる意。「足元をすくわれる」は誤用。

例 後輩に足をすくわれないように気をつけます。

× 体調を壊す

○ **体調を崩す**

「体調」は体の調子のことなので、「壊す」ではなく「崩す」が正しい表現。「壊す」を用いるなら「体を壊す」が正解です。「体調を崩す」も「体を壊す」も、体の調子が悪くなった状態という意味です。

例 体調を崩して１日寝込みました。

△ 公算が強い

**〇 公算が大きい**

「公算」とは、何かが実現する見込み、確率のことです。はっきり数値で表せるような確率ではないため、大小で表すのが原則です。ただし、「強弱」「高低」などで表すのも間違いではないとする辞書もあります。

例 A市とB市は、将来的に合併する公算が大きくなりました。

× 雪辱を晴らす

**〇 雪辱を果たす**

「雪辱(せつじょく)」自体に、辱(はずかし)めを雪(すす)ぐ(除き去る)という意味があり、取り除くという意味の「晴らす」をつけると、表現が重なってしまいます。「果たす」であれば「辱めを雪ぐことを成し遂げる」ということになり意味は重複しません。

例 次の試合で必ず雪辱を果たすと皆で誓いました。

× 念頭に入れる

**〇 念頭に置く**

「念頭」は心の中、胸のうちの意。「念頭に置く」は、いつも心にとめておくことという意味になります。「頭に入れる」との混同で、「念頭に入れる」といいがちですが、誤った表現です。

例 投資をするにあたっては元本割れのリスクを念頭に置いておくべきです。

× 一抹の望み

**○ 一縷の望み**

「一縷（いちる）」は１本の細い糸。「望み」「希望」などポジティブな言葉とセットで使います。「一縷の望み」はわずかな望みの意。「一抹（いちまつ）」は筆でさっとひと塗りするところから、わずかなこと、かすかなこと。こちらは「一抹の不安」「一抹のさびしさ」のようにネガティブな言葉とセットで使います。

例 決勝トーナメント進出に向けて、一縷の望みをつなぎました。

× 口先三寸

**○ 舌先三寸**

うわべだけの言葉で、巧みに相手をあしらったり、だましたりすることを「舌先三寸」といいます。三寸とは約９cm。長い舌でべらべらしゃべる様子を表しています。「口先」ではなく、「舌先」が正解です。

例 彼は舌先三寸で言いくるめるから要注意。

× 舌の先の乾かぬうちに

**○ 舌の根の乾かぬうちに**

その言葉を言い終わるか終わらないかのうちに、という意味の慣用句です。「舌先三寸」との混同で、「舌の先」と間違えがちな言葉です。

例 舌の根の乾かぬうちに、彼はまた嘘をつきました。

## × 味あわせる
## ○ 味わわせる

「味わう」はワ行五段活用の動詞。「味わわない、味わいます、味わう、味わえば、味わおう」と活用し、文法的には「味わわせる」が正しい表現です。「わわ」という同音の連続が気になるなら「体験させる」などに言い換えを。

例 このような悲劇を味わわせてはなりません。

## × シュミレーション
## ○ シミュレーション

英語の綴りは「simulation」で「シミュレーション」が正しい表記。「シュミ～」と2音目と3音目が入れ替わるケースがよくあります。下に挙げたように、ほかにも間違いやすいカタカナ語があるので、注意しましょう。なお、日本語として定着し、元の外国語の発音とは異なるカタカナ語もあります。

**言い間違いやすいカタカナ語**

| 間違い | ➡ 正解 | 間違い | ➡ 正解 |
|---|---|---|---|
| ×アボガド | ➡ ○アボカド | ×ショルダーバック | ➡ ○ショルダーバッグ |
| ×エキシビジョン | ➡ ○エキシビション | ×ドラックストア | ➡ ○ドラッグストア |
| ×エンターテイメント | ➡ ○エンターテインメント | ×ハイブリット | ➡ ○ハイブリッド |
| ×エステシャン | ➡ ○エステティシャン | ×バトミントン | ➡ ○バドミントン |
| ×ギブス | ➡ ○ギプス | ×フュギア | ➡ ○フィギュア |
| ×コミニュケーション | ➡ ○コミュニケーション | ×メリーゴーランド | ➡ ○メリーゴーラウンド |
| ×コミニュティ | ➡ ○コミュニティ | ×リラクゼーション | ➡ ○リラクセーション |
| ×シュチエーション | ➡ ○シチュエーション | ×レクレーション | ➡ ○レクリエーション |

# 書き間違いが多い言葉

日本語には同音異義語がたくさんあります。そのため意味を理解していないと、間違った漢字を書いてしまうことも。せっかく語彙を増やしても誤字があっては台無しです。正しく書けるようにしましょう。

× 恩の字

○ **御の字**

「御」の字をつけて呼ぶほどありがたがることから、最上のもの、望みが叶って十分に満足できることに使います。「ありがたい」の意味から「恩の字」と書きがちなので注意。なお、「御(おん)の字」の意味を、一応納得できる、まあまあよい、という意味で使う人が増えていますが、本来は誤用です。

例 もっとかかると思っていたので、この金額ですむなら御の字です。

× 激を飛ばす

○ **檄を飛ばす**

「檄(げき)」は、古代中国で政府が人を招集するために木札に書いた文書のこと。その文書（＝檄）を方々に飛ばすように配ったという故事から生まれた言葉で、自分の考えや主張を広く訴えて同意を求めるという意味です。「同点に追いつかれた選手たちに、コーチが檄を飛ばした」のように叱咤激励の意味で使うのは、本来間違い。

例 各党の候補者が、街頭で檄を飛ばしました。

× 異才を放つ

○ **異彩を放つ**

ほかとは異なる色彩、趣きを放っているということから、ほかとは違って特に目立つさま、才能、存在などが際立っているという意味に。「異才」は異なる才能やその持ち主を意味し、「音楽界の異才」のように使います。

例 独自の世界観をもつ彼女は、新人の頃から異彩を放っていました。

× 一同に会する

○ **一堂に会する**

大勢の人が１つの場所に集まることを意味する言葉。「一堂」は１つの堂のことで、転じて、同じ建物、同じ場所を意味します。「会する」は集まる、寄り合うという意味です。

例 トップレベルのスター選手たちが一堂に会しました。

× 新規巻き直し

○ **新規蒔き直し**

はじめに戻ってやり直すという意味。単に「蒔き直し」といった場合も同じ意味です。「蒔き直し」は、一度蒔いた種を改めて蒔くこと。転じて、一度手がけたものを改めて最初からやり直すことを表します。

例 その会社は拠点を移し、事業の新規蒔き直しを図るそうです。

## × 折り込みずみ
## ○ **織り込みずみ**

別の色の糸を交ぜて、布に模様などを織り出すこと。転じて、ある１つの物事に別の物事を組み入れることをいいます。つまり「織り込みずみ」とは、計画や予算などに、将来発生する出来事の要素がすでに組み込まれていることを意味します。「折り込む」は、中のほうへ折り曲げる、折って中に入れるという意味で、組み込むことではないため、ふさわしくありません。

**例 今回の値上げにより、一時的に売上が落ちることは織り込みずみです。**

## × やむおえない
## ○ **やむを得ない**

漢字で書くと「已む（止む）を得ない」。「已む（止む）」は、それまで続いていたことが終わりになること、つまり止まるの意。「得ない」は、できないの意。「やむを得ない」とは、止まることができない、転じて、どうしようもない、仕方がない、という意味で使われます。「やむおえない」や「やむ終えない」「やむ負えない」などとするのは誤り。「を」を取った「やむ得ない」も間違いです。

**例 この状況では、発売延期もやむを得ません。**

**プラスα（アルファ）**

「～を得ない」の形の言葉には、「せざるを得ない」「いかざるを得ない」「やらざるを得ない」などがあります。

× ことある事に

○ **事あるごとに**

何か物事が起こるたびにいつも、何かの機会にいつも、という意味の言葉です。漢字では、「事ある毎に」と書きます。ただし「毎に」は*表外読みで読みにくいので、「ごとに」とひらがなにしたほうがよいでしょう。

例 彼女は、私のやり方に対して事あるごとに口をはさんできます。

× 掻き入れ時

○ **書き入れ時**

商売が繁盛して、もうけが非常に多い時のこと。帳簿の記入に忙しい時ということから、「書き入れ時」と書きます。お金を掻き集めるなどのイメージで「掻き入れ時」とするのは間違い。

例 年末年始は、旅館の書き入れ時です。

× ご紹介に預かる

○ **ご紹介に与る**

「預かる」は引き受けて保管、管理する意。「与る（あずかる）」はある事柄に関係する、目上の人の行為や恩恵を受けるという意。「ご紹介にあずかる」は「与る」を用いますが、*表外読みで読みにくいため、ひらがなのほうがよいでしょう。

例 中島様からご紹介に与り（あずかり）ました佐々木と申します。

＊表外読みとは、常用漢字表に載っていない読み方のことです。

× 苦汁の選択

**○ 苦渋の選択**

非常に苦しい状況の中で不本意な策を選ばざるを得ないこと。思いどおりにいかず苦しみ悩む意味の「苦渋（くじゅう）」が正解。「苦汁（くじゅう）」はつらい思いや苦い経験を意味し、「人生の苦汁をなめる」のように使います。

例 苦渋の選択だが、リストラを強行するしかありませんでした。

× 若干、18歳

**○ 弱冠、18歳**

年が若いこと。古代中国で、二十歳（はたち）の男子を「弱」と呼び、元服して「冠」をかぶったことに由来します。若いといっても幼い子には使わず、二十歳前後に使うのが正解です。「若干」は、いくらか、少し、という意味。

例 彼は弱冠18歳で起業し、25歳の頃には一部上場企業にまで成長させました。

× 孫にも衣装

**○ 馬子にも衣装**

きちんとした衣装を身につければ誰でも立派に見えることのたとえ。「馬子（まご）」とは、馬に人や荷物をのせて運搬する職業の人のこと。馬子でも美しい衣装で着飾れば立派に見えるということからできたことわざ。「孫」と書くのは誤り。

例 私のドレス姿を見た父は、「馬子にも衣装だな」と言いました。

× 肝が座る

○ **肝が据わる**

落ち着いていて、めったなことでは動揺しない、という意味の慣用句。「すわる」の漢字は、しっかり落ち着いているという意味の「据わる」が正解で、「座る」ではありません。

例 彼女は見かけによらず、肝が据わった人です。

× 肝に命じる

○ **肝に銘じる**

心にしっかり刻み込んで忘れないようにする、という意味の慣用句。「銘じる」とは、器や金石などに文字を刻み込むことです。命令するわけではないので、「命じる」は間違い。

例 恩師の言葉を肝に銘じて、日々精進しています。

× 心が踊る

○ **心が躍る**

「踊る」は音楽に合わせて体を揺れ動かすこと、「躍る」は勢いよく跳んだりはねたりすること。「心がおどる」は、喜びや期待で心がわくわくする意。飛び上がるほどの喜びを表現する言葉なので、より激しく動く「躍る」が正解。

例 来週のハワイ旅行のことを考えていると、心が躍ります。

## × 玉に傷

## ○ **玉に瑕**

完全そうに見えて、ほんの少しだけ欠点があること。「瑕（きず）」は宝石についたきずを表します。「傷」と書くのは間違い。

**例** 彼は優秀で人当たりもいいが、ファッションセンスがないのが玉に瑕だ。

## × 灯台元暗し

## ○ **灯台下暗し**

身近なことはかえって気づきにくいことのたとえ。この「灯台」は海を照らす灯台ではなく、昔の室内照明器具のこと。上に油を入れた皿をのせ、灯心を立てて火をともす燭台（しょくだい）を指します。灯台（燭台）は周りを明るく照らしますが、その真下は影となって暗いので「灯台下（もと）暗（くら）し」なのです。

**例** こんなにおいしい定食屋が会社の隣にあったなんて、灯台下暗しでした。

## × 濡れ手で泡

## ○ **濡れ手で粟**

乾いた手より濡れた手のほうが多くの粟（あわ）をつかめることから、苦労せずに利益を得るという意味で使います。「粟」はイネ科の穀物。「濡れ手に泡」とも。濡れた手のイメージや、「水の泡」との混同から「泡」と書くのは間違い。

**例** 宝くじが当たり、彼は濡れ手で粟の大もうけをしました。

× 晴天の霹靂

**○ 青天の霹靂**

「青天」は青く晴れた空、「霹靂（へきれき）」は突然雷が鳴り出すことで、突発的な大変動や事件、突然受けた衝撃という意味で使います。元は古代中国の詩人、陸游（りくゆう）が、「青天、霹靂を飛ばす」と表現したことに由来する言葉です。

例 部長の辞職は、青天の霹靂でした。

× 優秀の美

**○ 有終の美**

最後までやり通し立派に終わること。終わりを全うするという意味で「有終」です。身を引くところまで十分な実力があり、引き際でも見事な成果を挙げる場合に使います。

例 引退試合に決勝ゴールを決め、有終の美を飾りました。

× 温古知新

**○ 温故知新**

過去に学んだことや昔の出来事をよく調べて、現在に役立つ知識を見いだすこと。過去に学ぶイメージから「温古知新」と書きがちです。『論語』の一節「故（ふる）きを温（たず）ねて新しきを知る」に由来するため「温故知新」が正解。

例 温故知新の精神で、江戸の暮らしから学びを得ましょう。

× 前代見聞

○ **前代未聞**

これまで誰も聞いたことのない変わった出来事、珍しい出来事の意。「前代見聞」のほか、「前代未問」「前代未門」など、書き間違いのバリエーションが多い言葉です。「未だ誰も聞いたことがない」ので、「前代未聞」。

**例** **多くの警察官が騙された、前代未聞の投資詐欺事件が発覚しました。**

× 短刀直入

○ **単刀直入**

１本の刀を持ってひとりでいきなり敵陣に切り込んでいくことから、転じて、前置きなしですぐに本題に入る、という意味になりました。「単刀」とは１本の刀のことです。短い刀ではないので「短刀」は間違い。

**例** **単刀直入に言いますと、この値段で取引するのはかなり厳しいと思います。**

× 危機一発

○ **危機一髪**

髪の毛１本ほどのわずかな違いで、危機に陥るかもしれない、非常に危ない状況のこと。「髪の毛１本ほど」なので、「一発」ではなく「一髪」が正解。

**例** **スキー場で雪崩が発生。ひやっとしたが、危機一髪のところでスキーヤーたちは難を逃れました。**

× こじんまり
〇 **こぢんまり**

× 読みずらい
〇 **読みづらい**

簡単そうに思えて意外とやっかいなのが、「じ」と「ぢ」、「ず」と「づ」の使い分けです。内閣府告示（1986年）の「現代仮名遣い」では、「じ」「ず」を使うことを原則とし、次のものは「ぢ」「づ」を用いるとしています。

- 同音の連呼によって濁るもの　例：ちぢむ（縮む）
- 2語の連合によって濁るもの　例：読みづらい（読み辛い）

「読みづらい」などの「づらい」は漢字で書くと「辛い」です。このように漢字に変換するとわかりやすくなります。

また、「世界中」「稲妻」など、2語が連合したという意識が薄れた言葉は、「じ」「ず」を本則とし、「ぢ」「づ」も用いてよいとしています。

なお、「じめん（地面）」「りゃくず（略図）」など、漢字の音読みで元々濁っている言葉は、「じ」「ず」を用います。

現代仮名遣いについては例外も多く、判断に迷う言葉もあります。原則を頭に置きつつ、多くの文章に触れて使いこなせるようにしていきましょう。

**同音の連呼で、「ぢ」「づ」を用いる例**

- ちぢむ（縮む）
- つづみ（鼓）
- つづく（続く）
- つづる（綴る）

＊「いちじるしい」「いちじく」は例外

**2語の連合で、「ぢ」「づ」を用いる例**

- はなぢ（鼻血）
- ちりぢり
- 読みづらい（読み辛い）
- 基づく
- ことづて
- 働きづめ
- こづく（小突く）

**「じ」「ず」が本則で、「ぢ」「づ」も許容される例**

- せかいじゅう（△せかいぢゅう）
- ほおずき（△ほおづき）
- うなずく（△うなづく）
- ひざまずく（△ひざまづく）

# 似た言葉の使い分け

**普段なにげなく使っている言葉の中に、似た意味の言葉がたくさんあります。会話であればその後の流れでごまかせても、文章ではそうはいきません。言葉の微妙な違いを理解して使いこなせるようにしましょう。**

**了解** ▶ 相手の依頼や要求を、内容を理解したうえで受け入れること。「了解しました」で丁寧語、「了解いたしました」で謙譲語になります。「了解いたしました」は、本来は目上の人に使ってもおかしくない表現です。

例 会議の日程の件、了解いたしました。

**承知** ▶ 相手の命令などを謹(つつし)んで聞くこと。「承」の字が含まれた「承知」自体にへりくだるニュアンスがあり、「了解しました」よりも、一段階ていねいな印象を与えます。基本的に「承知する」のは目下の人になります。

例 打ち合わせの件、承知いたしました。

**承諾** ▶ 相手の申し出や依頼を同意して、受け入れること、引き受けること。より積極的に快く受け入れるニュアンスがある言葉です。

例 この条件で、先方から承諾を得られました。

**了承** ▶ 事情を理解し、納得して聞き入れること。「承諾」とほぼ同じ意味ですが、了承するのは立場が上の人。「それでいいですよ」と上から許可する意味合いが強いので、目上の人に対して「了承しました」と使うのは避けましょう。

例 変更の可能性もございますので、あらかじめご了承ください。

**経緯**
物事のいきさつや入り組んだ事情のこと。どのような事情を経て、現在の状況に至ったかを説明するときに使います。問題が解決していない段階で使うことが多い言葉。

例 お客様とのトラブルの経緯をご報告します。

**顛末**
顛（頂）から末までの意。転じて、物事の初めから終わりまでの事情を意味します。問題が解決したあとに、すべてのことを順序立てて説明するときに使う言葉です。

例 事の顛末を上司に説明しました。

---

**割愛**
惜しいと思いながら、捨てたり省いたりすること。愛着の気持ちを断ち切るという仏教用語に由来する言葉です。

例 皆様のご意見を紹介したいところですが、時間の都合上、割愛します。

**省略**
簡単にするために一部を省くこと。「省略」には、惜しいという意味は含まれません。

例 長くなりますので、一部説明を省略させていただきます。

---

**極意**
核心となる大切な事柄。奥義。特に学問や芸事に関することに用いますが、「商売の極意」のようにも使います。

例 師匠に芸の極意を伝授していただきました。

**秘訣**
あることを行う際のとっておきの手段。もっとも効果的な方法。うまくやるコツ。

例 いつも元気な祖父に、健康の秘訣を聞きました。

**御社** ▶ 相手の会社をていねいにいう敬語。面談や電話でのやり取りなど、一般に話し言葉で使います。

例 （面接の場面で）御社に貢献したいと考えております。

**貴社** ▶ 意味は「御社」と同じ。メールなど文章の場合は一般に「貴社」を使用。学校に対する「御校」「貴校」も同様。

例 前職の経験を活かし、貴社の発展に貢献したいと考えております。

---

**清栄** ▶ 相手の健康や繁栄を喜ぶあいさつの言葉。企業に対しても個人に対しても使える言葉です。

例 貴社ますますご清栄のこととお喜び申し上げます。

**清祥** ▶ 相手が健康で幸福であることを喜ぶあいさつの言葉。繁栄の意味はないので、主に個人に対して使います。

例 時下ますますご清祥のことと存じます。

---

**教授** ▶ 学問や技芸などを教え授けることや、その人。専門的かつ高度な内容を体系立てて教えるときに使います。目上の人に指導してもらうことに尊敬の意味を込めて使うことも。

例 弁護士の田中先生に著作権法についてご教授いただきました。

**教示** ▶ 教え示すこと。「教授」が専門的なことを継続的に教えるのに対し、「教示」は一般的な知識や手順、方法、意向など、比較的単純な内容を一時的に伝える場合に使います。

例 改善すべき点についてご教示いただければ幸いです。

**注意** 具体的な物事、特定の対象に神経を集中させて、悪い事態にならないように気をつけること。

例 足元には十分ご注意ください。

**留意** ある物事に心をとどめて、気を配ること。「注意」よりも気をつける程度は弱く、やや漠然としたことに対して使います。

例 消費動向の推移に留意する必要があります。

**用心** 困ったことにならないように注意すること。万一に備えること。「火の用心」など、注意よりポイントを絞った使い方をします。

例 風邪をひかないように用心してください。

---

**退職願** 退職の意思を会社や上司に願い出ること、あるいはその書類のこと。退職願を出した段階では判断を委ねている状態で正式に退職することは決まっていません。

例 先日、部長に退職願を提出しました。

**退職届** 退職することが認められて、正式に労働契約の解除を届け出るために会社に提出する書類のこと。

例 ○月○日までに、退職届を人事部に提出してください。

**辞表** 社長や取締役など雇用関係のない立場の人が、役職を辞めるときや、公務員が職を辞めるときに届け出る書類のことを指します。

例 長年勤めた役所に辞表を提出しました。

## 気遣い

相手のためを思ってあれこれと配慮すること。このほか、心配すること、気がかりを意味します。

例 先日はお気遣いいただきありがとうございました。

## 心遣い

事がうまく運ぶように、細かいところまであれこれと配慮すること。相手に深く寄り添った心からの配慮を意味し、「気遣い」よりも「思いやり」のニュアンスが強い言葉です。

また、祝儀や心づけ、贈答品のことを「心遣い」といったりもします。

例 ○○様の温かいお心遣いに、いつも感謝しております。

---

## 相変わらず

以前と同じように。今までどおり。予想や期待に反して過去と何も変わっていないことを喜ぶ気持ち、あるいはあきれる気持ちを込めて使います。

例 相変わらずお元気そうで何よりです。

## 相も変わらず

「相変わらず」を強調した表現で、今までどおりという意味です。ただし、多くの場合、進歩や変化のないさまを、軽いあざけりや卑下の気持ちを込めて使います。

例 相も変わらず家ではゲームばかりしています。

## 依然として

ある状態が長い間変わらないこと。変化がないことに対して残念に思う気持ちや、いら立ちがあるときに使うことが多い言葉です。

例 依然として敵軍による攻撃が続いています。

**順延**

今日がだめなら明日、明日がだめなら明後日……というように、順繰り規則的に期日を延ばすこと。「3日後に順延になりました」のように表現するのは間違い。

例 本日のイベントは雨のため明日に順延となりました。

**延期**

予定していた期日や期限を延ばすこと。順繰りという意味合いはなく、広く期日を先に延ばす意味で使います。

例 本日のイベントは雨のため3日後に延期になりました。

---

**元旦**

1月1日の朝のこと。「旦」は朝の意味なので、1月1日の朝の時間帯のみを指します。「元旦の朝」は重複表現。

例 毎年元旦に、近所の神社へ初詣に行っています。

**元日**

1月1日の終日。こちらは「日」なので、1日中を指します。「元日の朝」と書いても重複表現にはなりません。

例 毎年、元日の朝に家族全員で近所の神社へ初詣に行っています。

---

**去年**

今年の前の年。ややくだけた言い方なので、私的なメールや親しい人との間で使います。また、「去」という忌み言葉が入っているため年賀状では使わないのがマナーです。

例 去年は一度も旅行に行けませんでした。

**昨年**

「去年」と同じ意味ですが、よりかしこまった言い方。目上の人に対してや、ビジネスなどではこちらを使用。

例 昨年は大変お世話になりました。

# 同音・同訓異義語の使い分け

**誤字の代表といえば、同音・同訓異義語の間違いです。同じ発音で、さらに意味も似ているとなると、より混乱しがちです。誤字を見逃さないよう、文章作成後にもしっかり確認しましょう。**

## 会議で上司の意見にいぎを唱えた

**○異議　×異義　×意義**

「異議」は異なる意見や議論のこと。通常、反対意見や不服があるときに使います。「異義」は「同音異義語」という言葉が示すように、異なった意味を表す言葉です。「意義」は物事のもつ価値や存在理由、または言葉が表す固有の内容や概念を表します。「働く意義とは何か」「存在意義」「その語の本来の意義を調べる」などと使います。

## 先日の出張費用のせいさんをする

**○精算　×清算　×成算**

「精算」は金額などを詳しく計算すること。「精」には、精密、精巧のように細かい、細やかという意味があります。「清算」は過去に結末をつけること。人間関係や過去の出来事に決着をつけるときに使います。たとえば、「やっと借金を清算することができた」「彼女との関係を清算した」など。「成算」は成功の見通しのこと。「この企画は十分成算がある」のように使います。「成功する算段」と覚えると混同しないでしょう。

## 各国の社会**ほしょう**制度を比較する

**○保障**　×保証　×補償

「保障」は権利や安全を守る、ある状態が損なわれないように守る、という意味です。「社会保障」のほか「自由を保障する」「安全を保障する」など。「保証」は大丈夫だと認めて責任をもつこと。「保証書」「連帯保証人」「彼の身元は私が保証します」などと使います。「補償」は損害や損失の埋め合わせをすること。「災害補償金」「損害を補償する」など。

## このプロジェクトは、社長の**けっさい**が必要だ

**○決裁**　×決済

「決裁」は権限をもつ上位者が、部下の提出した案の可否を判断すること。「決裁を仰ぐ」「決裁が下りる」などと使います。「決済」は「現金決済」や「カード決済」のように、代金の支払い方を表すときに用います。

## いつも変わらぬご**こうい**に感謝いたします

**○厚意**　×好意

「ご厚意」「手厚い支援」「厚遇」のように、相手が自分のためにしてくれることをありがたく思うときに「厚」の字を使います。したがって、上の例文は「厚意」が正解です。「好意」は「好意を寄せる」のように、好きという思いを指します。「好意」は主にプライベートなやり取りで使う言葉です。

## お客様の質問に**かいとう**する

**〇回答　×解答**

「回答」は質問に対する返事のこと。「アンケートに回答する」もこちらの「回答」です。「解答」は問題を解いた答えのこと。「テストの解答用紙」「模範解答」「クイズに解答する」などと使います。

## ダイエットに失敗したのは**いし**の弱さが原因だろうか

**〇意志　×意思**

何としても成し遂げたいという強い気持ち、明確な志や気構えを「意志」といいます。「意志を貫く」「意志が強い」などと使います。「意思」は何かをしようとする考えのこと。思いや考えの強弱ではなく、内容に注目する場合は「意思」を使います。たとえば「社員の意思を尊重する」「意思の疎通を図る」「契約取り消しの意思表示をする」など。

## 彼女は上昇**しこう**が強い

**〇志向　×指向**

「志向」はある目的や目標に心が向くこと。「権力志向」「健康志向」「ブランド志向」など。「指向」はある方向を目指して進むことで、物理的な方向へ向かうときに使う言葉です。「指向性アンテナ」「指向性マイク」「市場をアジア全域に指向する」などと使います。

## 患者の受け入れ**たいせい**を整える

**○態勢**　×体勢　×体制

「態勢」は一時的、部分的な対応や身構えのことで、「厳戒態勢」「24時間態勢」などと使います。「体勢」は体の構えや姿勢のこと。「射撃体勢」「力士の体勢が崩れる」などと使用。「体制」は持続的、統一的な仕組みや制度のこと。「経営の体制を立て直す」「反体制運動」などと使用します。

## 使いやすさを**ついきゅう**した商品

**○追求**　×追究　×追及

「追求」は目的のものを得ようと追い求めること。「幸福を追求」「利潤を追求」など、理想や利益を追う場合に使います。「追究」は不確かなことを探って明らかにしようとすること。「学問を追究」「人類のなぞを追究する」など、学問や真理を追う場合に使用。「追及」は責任や原因を問いただすため追い詰めること。「責任の所在を追及する」「大臣の疑惑を追及する」など、悪事を追う場合に使い、ポジティブな意味合いでは使いません。

プラスα（アルファ）

追求、追究、追及の使い分けは文脈によって異なります。たとえば「事故の原因を**ついきゅう**する」という場合、「追及」なら加害者に原因を問いただす、「追究」なら事故の具体的な原因を明らかにする意味に。「和食を**ついきゅう**する」も「追求」なら和食の味を技術的に極めること、「追究」なら和食を学術的に調べて答えを出そうとする意味合いに。

## 今回の企画の**しゅし**を説明します

**○趣旨　×主旨**

「趣旨」は、あることをする意図や目的。文章や話でいおうとしていること。「会社設立の趣旨を説明する」「お話の趣旨はよくわかりました」などと使います。「主旨」は、文章や話の中心となる内容、主な意味。意図や目的といったニュアンスは含みません。「簡潔に主旨だけ説明します」「会議の主旨をまとめる」などと使います。

## 大学の図書館を市民に**かいほう**する

**○開放　×解放**

「開放」は、開け放し、出入り自由にすること。「窓を開放する」「運動場を開放する」「市場開放」などと使います。「解放」は、束縛を解いて自由にすること。「人質を解放する」「痛みから解放される」などと使います。

## それは想像を**こえる**出来事だった

**○超える　×越える**

「超える」は、ある基準や枠を上回ること。超過すること。「気温が20度を超える」「世代を超える」「常識を超える」などと使います。「越える」は、ある場所や時を過ぎて先に進むこと。「山を越える」「国境を越える」「期限を越える」などと使います。

## 学生時代を**かえりみる**

**○顧みる　×省みる**

「顧みる」は、振り返る、回想する（昔を振り返る）、他人を気にかける、という意味です。「歴史を顧みる」「危険を顧みず進む」「家庭を顧みない」などと使います。一方、「省みる」は、自分の行いを振り返り、反省すること。「己を省みる」「失敗を省みて次に活かす」などと使います。

## 家を二世帯住宅に建て**かえる**

**○替える　×換える　×代える　×変える**

「替える」は、同種のもので新しく別のものにすること。交替や代替。「メンバーを替える」「気持ちを切り替える」「日替わり定食」など。「換える」は、AをBに取り換えること。交換。「商品券を現金に換える」「書き換える」など。「代える」は、ある役割を別のものにすること。交代、代理、代用。「政権が代わる」「挙手をもって投票に代える」「命には代えられない」など。「変える」は、状態を変化させる、場所を移すこと。変更。「髪形を変える」「態度を変える」「位置を変える」「予定を変える」など。

**プラスα（アルファ）**

「替える」と「換える」は似ている部分があり、使い分けが難しい言葉。「交換」なのか「交替」なのかである程度の判断はつきますが、厳密に使い分けできないケースも。そのため、両方の書き方を許容している辞書もあります。迷ったときはひらがなにしてもよいでしょう。

# 文章に使えることわざ・四字熟語

ことわざや四字熟語で、複雑な感情や状況を端的に表現することができます。目に浮かぶようないきいきとした表現だったり、力強さがあったりと、文章にリズムやメリハリをつけるという意味でも効果的です。

## 雨だれ石を穿つ

「穿（うが）つ」は穴をあける意。わずかな雨だれでも、長い年月をかけて同じところに落ち続ければ石に穴をあけるということ。転じて、何事も根気よく続ければ、いつかは大きな成果が得られるという継続の大切さを説いた言葉です。

**例** 雨だれ石を穿つの精神で勉学に励み、ついに司法試験に合格しました。

## 人事を尽くして天命を待つ

できる限りの努力をして、結果は天の意思に任せるという意味の言葉。「人事」は人間の力でやれること、「天命」は天から与えられた使命の意。

**例** やれることはやりました。人事を尽くして天命を待つのみです。

## 創業は易く守成は難し

創業するのは簡単だが、守成（守り育てていくこと）は難しいということ。古代中国、唐の第２代皇帝・太宗（たいそう）の時代に由来する言葉。

**例** 創業は易（やす）く守成（しゅせい）は難（かた）しというが、次々と新事業を成功させている２代目の手腕はなかなかのものです。

## 彼を知り己を知れば百戦殆うからず

「彼」は敵、「己」は味方のこと。「殆（あや）うからず」は危うくないという意味。敵の状態を正しく把握し、味方の実力を正確に知れば、百戦戦っても負けることはないということ。中国の兵法書『孫子』の一節。

例 彼を知り己を知れば百戦殆うからず。他社と自社の力を分析して臨もう。

## 過ぎたるは猶及ばざるが如し

何事も度が過ぎるのは、少し足りないのと同様によくない。何事もほどほどが肝心、物事は中庸（ちゅうよう）が大切だという教え。『論語』の中の有名な一節。

例 連夜の仕事で体調不良に。過ぎたるは猶（なお）及ばざるが如（ごと）しを痛感した。

## 木を見て森を見ず

小さいことにとらわれて、全体や本質がつかめないことのたとえ。1本1本の木にこだわって見ていると、森全体の様子が見えないことから。細部だけではなく、全体を見渡す視点が大切だということ。

例 その提案はおもしろいが、木を見て森を見ずという印象は否めない。

## 鶴の一声

多くの意見をおさえて否応なしに従わせる、権威や実力ある人のひと言のこと。ポジティブな場面でもネガティブな場面でも使える言葉です。

例 社長の鶴の一声（ひとこえ）で、長い間棚上げにされていた企画が動き出しました。

## 一日千秋

「千秋」は千年の意。一日が千年のように長く思われるほど、待ち遠しい気持ちを表す言葉。待ち焦がれる気持ちが非常に強いときに使います。

例 イギリスに留学中の娘の帰国を一日千秋の思いで待っています。

## 一刻千金

元は「春宵一刻値千金」という中国の詩の一節で、春の夜のひとときは、千金に値するほどすばらしいということ。転じて、ほんのわずかな時間が非常に貴重であることを意味します。大切な時間がまたたく間に過ぎ去ることを惜しむ気持ちを表す際に使う言葉です。

例 バスケットボールに明け暮れた学生時代は、一刻千金の日々でした。

## 疾風怒濤

激しく吹く風と激しく打ち寄せる大波の意。転じて、時代や物事が激しく動くことのたとえ。18世紀後半のドイツの文学運動から生まれた言葉。

例 後半勢いにのった彼らは、疾風怒濤の攻撃で一気に逆転しました。

## 千載一遇

「千載」は千年の意。千年に一度しかめぐりあえないということから、めったに訪れない貴重な機会という意味になります。

例 A社からの取引依頼は、千載一遇のチャンスではないでしょうか。

## 玉石混淆

宝石と石が入り交じっていることから、よいものと悪いものや、優れたものとつまらないものが入り交じっていること。「玉石混交」とも書きます。

例 インターネットの情報は玉石混淆（ぎょくせきこんこう）である。

## 是々非々

「是（ぜ）」は正しいこと、「非（ひ）」は間違っていることを表し、よいことはよいと賛成し、悪いことは悪いと反対すること。利害や立場にとらわれずに公正に判断し、態度を決めることをいいます。

例 この件については、是々非々で判断してもらいたいです。

## 朝令暮改

朝に出した命令をその日の夕方には改めること。転じて、決まりや命令がころころ変わってしまうことを意味します。上からの指示が安定せず、あてにならないときに使う言葉です。

例 朝令暮改（ちょうれいぼかい）の上司にいつも振り回されています。

## 旧態依然

昔のままで少しも進歩しないさま。「旧体依然」「旧態以前」などと書き間違えるケースがあるので、注意しましょう。

例 旧態依然の体質を何とか改善したいと考えています。

## 泰然自若

「泰然（たいぜん）」も「自若（じじゃく）」も、落ち着いて慌てない様子を意味します。同義語を重ねて、意味を強調した四字熟語。どっしりと落ち着いていて、どんなことにも動じないことを意味します。

**例** お客様からのクレームに慌てず、泰然自若の態度で臨みたいです。

## 豪放磊落

「豪放（ごうほう）」も「磊落（らいらく）」も、気性が大きく小さなことにこだわらないという意味。度量が大きく、おおらかな様子をポジティブに評して使う言葉です。

**例** 課長の豪放磊落な性格のおかげで、職場はいつも明るい雰囲気です。

## 獅子奮迅

獅子（しし）（ライオン）が奮い立って暴れまわるように、猛烈な勢いで活躍すること。周囲を圧倒するような勢いがあるときに用いる言葉。元は仏教用語。

**例** チームの皆が獅子奮迅（ふんじん）の働きをしてくれたからこそ、このプロジェクトは成功したといえる。

## 虚心坦懐

わだかまりや先入観がなく、さっぱりと素直な心境のこと。何かに取り組む前に、気持ちを改め落ち着いて臨む姿勢を示したいときなどに使います。

**例** 今日の会議では虚心坦懐（きょしんたんかい）に意見を出し合いましょう。

## 金科玉条

「金」と「玉」は大切なもののたとえ。「科」と「条」は法律や規則のこと。これらの４字が組み合わさった「金科玉条」は、極めて大切な法律や規則、あるいは個人的に決めた信条などを表します。

例 高校時代の恩師の言葉を金科玉条（きんかぎょくじょう）としています。

## 不撓不屈

「不撓（ふとう）」も「不屈」も、屈しない、諦めない意。強い意志をもって、どんな困難にも決してくじけないという、心の強さを示す言葉です。

例 不撓不屈の精神で、最後までやり遂げます。

## 面目躍如

世間の評価にふさわしい活躍をして、立派である様子。また、その人本来のよさがいきいきと発揮されている様子。前評判どおりの活躍をしたときに使う言葉です。

例 さすがチャンピオン。面目躍如（めんもくやくじょ）たる堂々とした戦いぶりでした。

## 切磋琢磨

志を同じくする者が互いの欠点や誤りを直し合い向上を図ること。技能や経験が同レベルの者同士が励まし合いながら技量を磨くことを意味します。

例 同期の社員と切磋琢磨しながらここまでやってきました。

# 変わりゆく日本語

## 長く使われていくうちに、言葉の意味は変わる

「白羽の矢が立つ」という慣用句。元は、神様が生贄（いけにえ）を要求するとき、家の屋根に白羽の矢を立てると信じられていたことから生まれた言葉です。つらい役が回ってくるという意味でしたが、由来が忘れられ、よい意味で使われるようになりました。「がぜん」や「破天荒」も元の意味から変化しています。2020（令和２）年度の「国語に関する世論調査」では、元の意味で使っている人はいずれも２割強しかいませんでした。

新しい意味については辞書によっても見解が異なります。文章の中では、世間に浸透したと確信できるまで新しい用法を避けるのが無難です。とはいえ少数派の元の意味で書いても読み手を混乱させる可能性があります。過渡期の言葉は、別の言葉に置き換えるのが賢明でしょう。

### どちらの意味が正しいと思うか

| 言葉 | 元の意味 | 新しい意味 |
|---|---|---|
| がぜん（俄然） | 急に、突然…23.6% | とても、断然…67.0% |
| 破天荒 | 誰も成し遂げなかったことをする…23.3% | 豪快で大胆な様子…65.4% |

＊文化庁 令和２年度「国語に関する世論調査」

### 意味が変化している言葉の例

| 言葉 | 元の意味 | 現在使われている意味 |
|---|---|---|
| 白羽の矢が立つ | 犠牲者として選ばれる | 名誉な役に選ばれる |
| 潮時 | ちょうどよいとき | ちょうどよいやめどき |
| こだわる | 必要以上に気にする | 妥協せず追求する |

# 言い換え 基本フレーズ

大人の言い換えフレーズ
間違いやすいフレーズ
わかりやすくする言い換えフレーズ
表現力アップ！ 言い換えフレーズ

# 大人の言い換えフレーズ

**言葉の選び方で相手に与える印象は変わるもの。普段使っている言葉から、品格や知性を感じさせる大人らしい改まった言葉への言い換えフレーズを紹介します。敬語については6章（➡P154）を参照ください。**

## 何度もすみません
### »»» たびたび恐れ入ります

「恐れ入る」には、さまざまな意味があり、ここでは詫びる意味で使われています。さらにフォーマルな表現にするには「恐縮です」を用いましょう。

このほか、何かをしてもらったときの感謝を伝える場合に、「ご協力いただき、恐れ入ります」のように使います。また、もったいない、かたじけないという意味もあり、「ご教示、恐れ入ります」のように使います。改まった印象になり、多くの場面で使える言葉です。

例 たびたび恐れ入ります。もう一度ご連絡いただきたく存じます。

## 考えておきます
### »»» 検討させていただきます

「検討」は「よく調べて考える」ということ。「させていただく」は「させてもらう」の謙譲語です。「させていただく」には許しを求める意味があるので、シンプルに「検討いたします」を用いてもかまいません。

例 〇〇の件について、社内で検討させていただきます。

## わかりました
## »»» かしこまりました

「かしこまる」「承知する」は「わかる」の謙譲語です。「かしこまる」には「目上の人に対して謹(つつし)んで承(うけたまわ)る」という意味があり、上司や取引先など幅広く使えます。「承知しました」でもよいでしょう。同僚には丁寧語の「了解しました」「わかりました」でも。

例 かしこまりました。今週中に準備いたします。

## どうしますか
## »»» いかがなさいますか

「どう」をていねいにすると「いかが」。「なさる」は「する」の尊敬語です。「いかがなさいますか」は相手がどうするかを尋ねるときに、「いかがいたしましょうか」は自分が相手に何をすればよいか尋ねるときに使います。

例 明日の朝食は、いかがなさいますか。

## それでいいです
## »»» 異存はございません

「異存」は「反対の意見」「ほかと異なった意見」という意味で、「ございません」は「ない」の丁寧語。同意や賛同するときに使うフレーズです。

例 新しい方針について異存はございません。

## うれしいです

## »»» 冥利に尽きます

「冥利（みょうり）」は仏教用語で「神や仏が知らないうちに与える幸せや恩恵や利益」のこと。転じて「その立場や境遇によっておのずと恩恵を受けてありがたい」「これ以上の幸せはない」という意味で使われます。

**例** ○○様におほめの言葉をいただき、営業冥利に尽きます。

## やめてください

## »»» お控えください

「控える」は「自制や配慮をしておさえる」「度を越さないようにする」「少なめにする」という意味。「やらないでください」「禁止」の遠回しな表現として使えます。「ご遠慮ください」は少し強制的なイメージになります。

**例** 講演中に席をお立ちになることはお控えください。

## うらやましい

## »»» あやかりたい

「あやかる」は好ましい状態にある人や物の影響が及んで、自分も同じような状態になることをいいます。特に幸せな状態にある人に感化されて自分もそうなりたいと願うときに使う言葉です。

**例** ご結婚おめでとう。幸せなおふたりに心からあやかりたいです。

## やっています

## »»» たしなんでいます

「たしなむ」は「好んで習う」「好んで親しむ」「愛好する」という意味。趣味や特技、嗜好品などを好む意味で使われます。「用心する」「つつしむ」という意味もあり、「行いをたしなむ」といった使い方も。

例 趣味は俳句をたしなむ程度です。

## なるほど

## »»» ごもっともです

相手の考えに共感するフレーズです。「もっとも」をていねいに表した言葉。「相手の言うこと、することがそうであるべきだ」と肯定する意味がある、相手を引き上げた表現です。

例 ご指摘の内容は、すべてごもっともです。

## 失礼ですが

## »»» ぶしつけながら

「ぶしつけ（不躾）」は礼儀をわきまえていないこと。「ながら」には「～ではあるが」「けれども」という意味があります。無礼なことを承知で相手に何かを伝えるときや、やや無理があることをお願いするときに使う言葉。

例 ぶしつけながら、資料も同封願います。

## ぜんぜん問題ありません

### »»» 差し支えございません

都合の悪い事情、迷惑や不都合を意味する「差し支え」を否定形にした「差し支えない」をていねいにした表現です。自分にとって不都合がないことを表しています。

例 明日の返信で差し支えございません。

## 恥ずかしいです

### »»» 面目ないことです

「人に合わせる顔がない」「恥ずかしくて人に顔向けができない」といった意味があります。「面目」は仏教用語で「めんもく」と読まれていましたが、次第に「めんぼく」と読むようになりました。

例 選出していただいたのに、活躍できず面目ないことです。

## おいしかったですか

### »»» お口に合いましたか

おいしかったかどうかを聞くときの、ていねいな言い方です。「お口に合ったでしょうか」でも。また、「ごちそうさま」といわれたときの返事として使うこともできます。

例 料理はお口に合いましたか。

## 頑張ります

### »»» 精進いたします

「精進(しょうじん)」は元々は仏教用語で「ひたすら仏道修行に励む」という意味。転じて「一生懸命努力すること」「ひとつのことに精神を集中させて励む」という気持ちを表すようになりました。

例 今後も精進いたしますので、ご指導のほどよろしくお願いします。

## 頑張ってください

### »»» ご活躍を祈念しております

「頑張れ」には直接的な敬語表現がありません。場面に応じて言い換えが必要です。「祈念」は強く信じて念じることを意味します。「ご活躍をお祈り申し上げます」としてもよいでしょう。

例 ○○様の新天地でのご活躍を祈念しております。

## それはつらいですね

### »»» ご心痛のほどお察しいたします

「心痛」は「心配して思い苦しむ」「胸が痛くなる」という意味で使います。相手が困難な状況のときや、お悔やみ言葉として用いられます。ほかには「心中お察し申し上げます」という言い方もあります。

例 ご家族の不安はいかばかりかと、ご心痛のほどお察しいたします。

## 責任を感じます

### »»» 真摯に受け止めます

「真摯(しんし)」は真面目で熱心ということ。今後に活かし改善するといった意味が含まれます。さらに「受け止める」をつけることで、詫びるだけでなく、心に留め、きちんと取り組み、対応するという意味になります。

例 貴社のご意見を真摯に受け止め、今後の改善に活かしてまいります。

## 天気の悪い中

### »»» お足元の悪い中

「足元」は足そのものではなく、立っている地面を表しています。

例文は、悪天候で道路状況が悪いにもかかわらず、お越しくださりありがとうございます、という感謝の気持ちが込められているフレーズです。

例 本日はお足元が悪い中ご足労いただき、誠にありがとうございます。

## 変更したわけです

### »»» 変更した次第です

「次第」は自分の意思に関係なく、経過やなりゆきの説明に使う言葉。似た言葉の「所存」は「一生懸命取り組む所存です」のように、意思表明や自分の考えなどを相手に伝えるときに使います。

例 悪天候による飛行機の遅延のため、スケジュールを変更した次第です。

# 主な改まり語一覧

ビジネスシーンや改まった席では、普段あまり使わないていねいな「改まり語」を使います。少し独特な言い回しもありますが、どれも覚えておきたい表現です。

| 語句 ➡ 改まり語 | 語句 ➡ 改まり語 |
|---|---|
| 今 ➡ **ただいま** | よい ➡ **結構** |
| 今日 ➡ **本日** | いない ➡ **不在** |
| 普段 ➡ **平素** | 本当に ➡ **誠に** |
| さっき ➡ **先ほど** | 誰 ➡ **どちら様** |
| これから ➡ **今後** | 誰か ➡ **どなたか** |
| 今度 ➡ **この度/今回** | 心配する ➡ **案じる** |
| 前から ➡ **以前から** | 体調 ➡ **おかげん** |
| あとで ➡ **後ほど** | 都合が悪く ➡ **あいにく** |
| この間 ➡ **先日** | 書く ➡ **記入する** |
| もう一度 ➡ **再度/改めて** | 隠す ➡ **伏せる** |
| 少し ➡ **少々** | 断る ➡ **遠慮する** |
| たぶん ➡ **おそらく** | 贈る ➡ **謹呈する/進呈する** |
| どれぐらい ➡ **いかほど/いかばかり** | 謝る ➡ **詫びる/陳謝する/謝罪する** |
| ちゃんとした ➡ **まっとうな** | 駆けつける ➡ **馳せ参じる** |
| こんな ➡ **このような** | 考え直す ➡ **再考する** |
| どんな ➡ **どのような** | 問い合わせする ➡ **照会する** |
| どうしても ➡ **折り入って** | 知り合う ➡ **お近づきになる** |
| すぐに ➡ **至急/早急に/ただいま** | 面倒をかける ➡ **お手を煩わせる** |

# 間違いやすいフレーズ

**よく使っている言葉の中には、知らず知らずのうちに間違って使っているものも。特に、文章中の言葉の誤用は、相手に対して失礼になるばかりでなく、内容が正しく伝わらないこともあるので気をつけましょう。**

× 責任を負いかねません

**○ 責任を負いかねます**

「〜しかねない（〜しかねません）」は、動作が行われたり、何かの事態が発生する可能性があることをいう表現です。「〜をするかもしれない」ということなので、「負いかねません」は「負うかもしれません」ということ。したがって、「負わない」場合は「負いかねます」にするのが正解です。

**例 いかなる被害についても、管理人は一切の責任を負いかねます。**

× アイドルにはまっています

**○ アイドルに熱中しています**

話し言葉には、本来の語義から広がった意味で使われる言葉がよくあります。たとえば「はまる」には、「熱中する」「夢中になる」「入れ込む」などのニュアンスが含まれています。ほかにも「かぶる→重なる」「濃い→充実した」「めちゃくちゃ→とても」などさまざまな言葉が、使われるようになっています。しかし、話し言葉をそのまま文章に使うのは、稚拙（ちせつ）な印象を与えるので、本来の正しい言葉に言い換えましょう。

× いい人そうです

○ **いい人みたいです**

「〜そう」は、一般的に「降りそう」「落ちそう」など動詞や、「おいしそう」「よさそう」など形容詞の語尾につきます。「人」などの名詞に使うのは間違いです。「いい人みたい」または「いい人のよう」が正しい言い方。

例 ○○さんの上司はいい人みたいですね。

× いつぶり

○ **いつ以来**

「〜ぶり」は、再び同じ状態になるまで、それだけの期間が過ぎていることを表す言葉。「2年ぶり」「何年ぶり」「しばらくぶり」のように使います。したがって、時を尋ねる「いつぶり」は元々誤用です。

例 貴社に伺ったのはいつ以来でしょうか。

× 要チェックしてください

○ **チェックしてください**

「要チェック」は「確認することが必要」ということ。「要チェックしてください」は「確認することが必要をしてください」となり、意味不明で誤用。「チェックしてください」または「確認してください」としましょう。

例 市場動向をチェックしてください。

× 資料を追加していきます

○ **資料を追加します**

話し言葉で使いがちな「〜していきます」は、文章を回りくどくし、内容を曖昧（あいまい）にします。「〜に対して」も同様です。「企画書の内容に対して意見を申し上げます」は「企画書の内容に意見を申し上げます」に換えましょう。文章にするときは、不要な言葉は入れずシンプルにするのが鉄則です。

× これでは成功はおぼつきません

○ **これでは成功はおぼつかない**

「おぼつかない」には「はっきりしない」「疑わしい」「心もとない」などの意味があります。語尾を「ません」に変えることで、丁寧語になると思われがちですが、一語の形容詞なのでそのままでしか使えません。

例 今のままでは、目標額の達成はおぼつかない。

× 会計のほうお願いします

○ **会計をお願いします**

「〜のほう」は、いくつか並べて１つを取り上げる使い方をします。比べるものがなければ不要です。また、「酒のほうは〜」「私のほうから〜」「南のほうに〜」などと分野や方向を表す場合にも使いますが、こちらも「のほう」を省いても意味が通り、すっきりとした文になります。

× ほかの手段がないわけではありません

**○ ほかの手段はあります**

「〜ないわけではない」は「ない」と「わけではない」の二重否定。文章にするときは、「あります」「〜だろう」などシンプルな肯定表現に換えます。

× 損失の要因にならないとも限りません

**○ 損失の要因になるかもしれません**

「〜ないとも限らない」は文章にするとまどろっこしく、内容がわかりにくいため、避けたい表現です。

× 私の責任といえなくもありません

**○ 私の責任ともいえます**

「〜なくもありません」では、上の場合、責任の所在が曖昧でわかりにくく、相手に誤解を招く可能性があります。

**ここが大切!**

話し言葉では、はっきりと意見を述べにくいときや、断定しにくいときに、否定を否定する「二重否定」を使いがちです。文章表現では特に誤解が生じやすいので、注意してください。

# わかりやすくする言い換えフレーズ

難解な言葉を使うと、わかりにくく、伝えたいことが伝わらない可能性があります。相手に応じて、簡単でわかりやすい言葉で表現することも大切です。文脈によって上手に言い換えられるようにしましょう。

## 瑕疵がある

## »»» 欠陥がある

「瑕疵（かし）」は、当事者の予想するような状態や、完全性が欠けていること。本来備わっているはずのものが、備わっていないことを指します。不備や欠点、不十分、不完全という意味の「欠陥（けっかん）」に言い換えることができます。また状況によっては「不具合」「不備」「欠点」などに換えてもよいでしょう。

例 安全管理の体制に欠陥がありました。

## 抜本的な見直し

## »»» 根本的な見直し

「根本的」は物事の大本のことです。「根本的な見直し」「根本的な問題」など、物事が成り立つ基礎的なことを表現するときに使います。一方「抜本的」は、根本の原因を抜き去り物事の根本に立ち戻って正すことをいいます。正すことについてのみ使える言葉なので、「抜本的な見直し」「抜本的な解決」などとは使えますが、「抜本的な問題」と使うのは誤用です。

例 従来の方法を根本的に見直す必要があります。

## 刷新する

### »»» 新しくする

「刷新（さっしん）」とは、それまでのよくない状態、弊害を除いて、まったく新しいものにすること。一方、「新しい」には、今までとは違っている状態や、改めたあとのものという意味があります。

例 店内のレイアウトを新しくしました。

## 忌憚のない

### »»» 率直な

「忌憚（きたん）」は「遠慮する」「嫌がる」こと。「忌憚のない意見を聞かせてください」は、「遠慮せず率直な意見を聞かせてください」ということです。「率直な」「素直な」「遠慮のない」などに言い換えることができます。

例 率直な意見交換ができれば幸いです。

## 傾注します

### »»» 力を入れます

「傾注（けいちゅう）」には、あることに心を集中させる、熱中する、専念する、という意味があります。「力を入れる」のほか、「打ち込む」「手を尽くす」「心血を注ぐ」などの言い方もあります。

例 業務の改善に力を入れます。

## 肝要

### »»» とても重要

「肝要」は、人間の「肝(きも)」と、扇の「要(かなめ)」に由来します。どちらも大事なものであることから、「非常に大切なこと」「もっとも重要なこと」「肝心」という意味があります。

例 完成度の高いサンプルを作ることがとても重要です。

## 断続的

### »»» 途切れ途切れ

「断続」の意味は、物事が切れたり続いたりするということ。「断続的」は途切れながらも続く性質や状態をいう言葉です。「途切れ途切れ」や「切れ切れ」に言い換えができます。ちなみに、「断続的」には、続くという意味があるので「断続的に続く」は二重表現で誤用。

例 在庫が途切れ途切れになっている状態です。

## 従前

### »»» これまで

「従前(じゅうぜん)」は「今より前」「これまで」という意味。似た言葉に「従来」がありますが、こちらは「昔から今まで」ということ。厳密には意味が違います。

例 今後もこれまでどおり、意見交換をさせていただきます。

## 蓋然性

### »»» 確率

「蓋然(がいぜん)」は「おそらくそうだろうということ」「ある程度確実であること」という意味です。「蓋然性」とは、ある事柄が現実になる確実さがどのくらいあるかという、度合いを示した言葉です。「確率」や「見込み」などに言い換えることができます。

例 今回のテスト結果で判断すると、合格する確率は高いといえます。

## 善処します

### »»» できるだけ適切に対応します

「善処」は、物事をうまく処置すること。「状況に合わせて対応します」という意味で使われますが、「できる限り対応します」「前向きに検討します」というニュアンスを含む表現でもあります。

例 ご希望に沿えるよう、できるだけ適切に対応します。

## 遵守します

### »»» 守ります

「遵守(じゅんしゅ)」は、決まりや法律にしたがって、それを守ること。「順守」とも書きます。「守る」「厳守」「したがう」などに言い換えができます。

例 規定を守ってイベントを実施します。

## 抵触します

### »»» 反します

「抵触（ていしょく）」は「触れる」「ぶつかる」こと。転じて、「互いに矛盾する」ことから、「規則や法律などの決まりに反する」という意味になりました。「反する」「違反する」「触れる」などに言い換えることができます。

例 弊社のガイドラインに反する可能性があります。

## 多寡にかかわらず

### »»» 多くても少なくても

「多寡（たか）」は「多いことと、少ないこと」「多少」という意味。「〜の多寡によって」「〜の多寡にしたがって」「多寡を問わず」などと使われます。「多い少ないの程度」というニュアンスです。

例 売上高が多くても少なくても、費用を見直す必要があります。

## 諮ります

### »»» 相談します

「諮る（はか）」は、相談する、他人に意見を求めるということ。元々は目上の者が目下に聞くという意味でした。いまは主に「会議に諮る」のように会議などで相談、検討するという意味で使われることが多い言葉です。

例 来月の社内会議で相談します。

# カタカナ語（外来語）の言い換え

ビジネスシーンでのカタカナ語使用が増えています。職種による専門用語など必要のある言葉がある一方、曖昧（あいまい）に使われているカタカナ語も多いもの。正しい意味を理解するのはもちろん、過度の使用は避けましょう。

| カタカナ語（外来語）➡ 言い換え | カタカナ語（外来語）➡ 言い換え |
|---|---|
| ●アウトソーシング ➡ **業務を外部委託する** | ●サマリー➡ **概要、要約** |
| ●アサイン ➡ **任命する、割り当てる** | ●シナジー➡ **相乗効果、共同作用** |
| ●アジェンダ ➡ **計画、予定表、協議事項** | ●ダイバーシティ➡ **人材の多様性** |
| ●アテンド ➡ **案内、接待** | ●ニッチ➡ **隙間市場** |
| ●イニシアチブ ➡ **主導権、率先すること** | ●マイルストーン ➡ **道しるべ、作業進行上の節目** |
| ●エビデンス ➡ **証拠、根拠** | ●フィックス➡ **固定、確定する** |
| ●オルタナティブ ➡ **代案、代替物** | ●プライオリティ➡ **優先順位** |
| ●オポチュニティ ➡ **機会、チャンス** | ●ブルーオーシャン➡ **未開拓市場** |
| ●クロージング ➡ **締めくくり、契約締結** | ●フレキシブル➡ **柔軟である** |
| ●キャパシティ ➡ **その人の能力で請け負える量** | ●ブレスト（ブレインストーミング） ➡ **集団での創造的な発想** |
| ●コミットメント ➡ **約束、責任をもってかかわる** | ●ベネフィット➡ **利益、恩恵** |
| ●コンセンサス➡ **合意、一致** | ●ボトルネック ➡ **うまくいかない原因** |
| ●コンプライアンス➡ **法令遵守** | ●マネタイズ➡ **収益化** |
| ●コンペティター➡ **競合相手** | ●リスクヘッジ ➡ **危険に備え保険をかける** |
| | ●リソース ➡ **人材や物資、資金などの経営資源** |
| | ●リテラシー ➡ **情報の取捨選択、活用の能力** |
| | ●ローンチ ➡ **新製品やサービスなどの公表や発売、Webサイトの公開** |

# 表現力アップ！言い換えフレーズ

表現を上手に変えて、自分が伝えたいことにしっくりくる言葉を選びたいもの。また、何度も同じ表現が出てくると、くどい印象を与えるので、２回目以降はほかの適した言葉に置き換えるとよい文章になります。

## 頑張った

力を注いだ ∴ 力を尽くした ∴ 最後まで粘った ∴ 地道に取り組んだ ∴ こらえて努力した ∴ 全身全霊をささげた ∴ 最善を尽くした ∴ 全力投球

「頑張った」と連呼する文章をよく見かけます。どのように頑張ったのか具体的に表現すると、相手に伝わりやすくなります。ひとつのことに集中したのか、全力を尽くしたのか、諦めずに取り組んだのかなど、エピソードに合った「頑張った」に代わる言葉を見つけましょう。

## 妥協した

折り合いをつけた ∴ 譲歩し合った ∴ 歩み寄った ∴ 着地させた ∴ 屈服した ∴ 折衷案を見つけた

「妥協」とは、両者が対立している場合に、双方またはどちらか一方が歩み寄って、事をまとめるということ。注目したいのは、歩み寄る割合がお互いに同じではないというところです。この割合によって、表現を変えることができます。

## 感動した

感銘を受けた ◆ 感激した ◆ 感極まった ◆ 心が動いた ◆ 心（魂）が震えた ◆ 心にじんときた ◆ 心に染みた ◆ 心に響いた ◆ 胸が熱くなった ◆ 胸を打たれた ◆ 胸に迫った ◆ 琴線（きんせん）に触れた

感動したの繰り返しもよく見られますが、さまざまな表現があるので言い換えてみましょう。このほか「ぐっときた」「忘れられない」と表現することも。

## 思った・考えた

感じた ◆ 思い至った ◆ 慮（おもんぱか）った ◆ 考慮した ◆ 思案した ◆ 思いをめぐらせた ◆ 思慮した ◆ 心に抱いた ◆ 閃（ひらめ）いた ◆ 脳裏をよぎった ◆ 推察した

## 追及する

難詰する ◆ 追い詰める ◆ 非を責める ◆ 責任を問う ◆ 問いただす ◆ 問い詰める ◆ 詰め寄る ◆ 糾弾（きゅうだん）する ◆ とがめる ◆ 取り調べる ◆ 締め上げる ◆ 切り込む ◆ ずばりと突く

## 笑う

笑みがこぼれる ✣ 微笑(ほほえ)む ✣ 表情がほころぶ ✣ 目を細くする ✣ 頬が緩む ✣ 満面の笑み ✣ 笑い転げる ✣ 腹を抱える ✣ 抱腹絶倒(ほうふくぜっとう) ✣ 鼻で笑う ✣ 高笑い ✣ 薄ら笑う ✣ 作り笑い ✣ 愛想笑い

笑うの意味には、おかしさやうれしさ、喜びを表す「笑う」と、人に対して少々ばかにしたような気持ちを表現する「笑う」があります。

## うれしい

心が躍る ✣ 心が弾む ✣ 心ときめく ✣ 楽しい ✣ 胸が躍る ✣ 天にも昇る心地 ✣ 痛快 ✣ 愉快 ✣ 悦ばしい ✣ うきうきする ✣ わくわくする ✣ 浮かれる ✣ 幸福感でいっぱい ✣ 多幸感に浸る ✣ 満足 ✣ 喜色満面 ✣ 地に足がつかない

## 美しい

麗しい ✣ 華やか ✣ 端正な ✣ 見目よい ✣ 優美な ✣ 優雅な ✣ 眩(まばゆ)い ✣ 華麗な ✣ 華美な ✣ きれいな ✣ きらびやかな ✣ 端然とした ✣ 壮麗な

## 安心する

安堵する ❖ 胸をなでおろす ❖ 安息する ❖ ほっとする ❖ 平穏を取り戻す ❖ 穏やか ❖ 心が安らぐ ❖ 胸のつかえがとれる ❖ 気が休まる ❖ 気持ちが楽になる ❖ 身が軽くなる ❖ リラックスする

## 心配する

危惧する ❖ 案じる ❖ 懸念する ❖ 気がかりな ❖ 気をもむ ❖ 気が気でない ❖ 思い悩む ❖ 思いわずらう ❖ 憂(うれ)う ❖ 心もとない ❖ 苦慮する

「心配」には元々、「心を配る」「心づかい」「気づかい」「配慮する」「気にかけて世話をすること」などの意味があります。

## 悩む

気に病む ❖ 苦悩する ❖ 頭を痛める ❖ 苦悶する ❖ 思い詰める ❖ 憂鬱(ゆううつ)な ❖ 憂う ❖ 迷う ❖ 思案に暮れる ❖ 思い余る ❖ ふさぎ込む ❖ 滅入る ❖ 絶望する ❖ 陰鬱な ❖ 苦境に陥る ❖ 苦しみ喘(あえ)ぐ

## 判断する

決断する ❖ 断定する ❖ 評価を下す ❖ 判断をつける ❖ 決する ❖ 決定する ❖ 評決を下す ❖ 決裁する ❖ 審査する ❖ 評定を断じる ❖ 採否を決める ❖ 見定める ❖ 見究める ❖ 見方を示す

「判断」は物や内容の価値を見定めて、考えを決めることです。言い換えのフレーズがたくさんあるので、内容に合ったものを選びましょう。

## 賛成する

賛同する ❖ 同意する ❖ 肯定する ❖ 支持する ❖ 賛意を表す ❖ 受容する ❖ 受け入れる ❖ 承認する ❖ 聞き入れる ❖ 承諾する ❖ 容認する ❖ 後押しする ❖ 首を縦に振る ❖ 満場一致

## 反対する

否定する ❖ 拒む ❖ 抗（あらが）う ❖ 否（いな）む ❖ 拒否する ❖ 異を唱える ❖ 抵抗する ❖ 反発する ❖ 反抗する ❖ 逆らう ❖ 対抗する ❖ 噛みつく ❖ 首を横に振る ❖ 物言いをつける ❖ 歯向かう

## 期待する

切望する ✣ 望む ✣ 待望する ✣ 待ち望む ✣ 願う ✣ 希望する ✣ 願望を抱く ✣ 期待がふくらむ ✣ 期待を募らせる ✣ 熱望する ✣ 待ちわびる ✣ 心待ちにする ✣ 待ち焦がれる ✣ 当てにする

## 親切な

好意的な ✣ 気づかいができる ✣ 配慮が届く ✣ 温かい ✣ 温厚な ✣ 親身な ✣ 世話好きな ✣ 情に厚い ✣ 心配り ✣ 思いやりがある ✣ 人情味がある ✣ 献身的な ✣ 情け深い ✣ 心尽くしの

## 気を遣う

気にかける ✣ 気を配る ✣ 気に留める ✣ 気にする ✣ 配慮する ✣ 慮(おもんぱか)る ✣ 察する ✣ 心を砕く ✣ 考慮する ✣ 世話を焼く ✣ 親身になる

「気を遣う」には、相手に注意を払い（気に留める）、細かく配慮する（気を配る）という意味があります。「気を使う」とも書きます。

## 悲しい

もの悲しい ❖ 悲嘆に暮れる ❖ 切ない ❖ 悲痛な ❖ 身を切られる思い ❖ 痛ましい ❖ 心が痛い ❖ 胸がさける ❖ 痛切 ❖ 沈痛 ❖ 悲観する ❖ 哀(かな)しい

## 怒る

憤(いきどお)る ❖ 激怒する ❖ 憤慨する ❖ 頭に血が上る ❖ 腹が立つ ❖ 怒り心頭 ❖ はらわたが煮えくり返る ❖ 立腹する ❖ 殺気立つ ❖ 怒りに震える ❖ とがめる ❖ 叱責する ❖ 叱咤(しった)する ❖ 激高(げきこう)する

## 反省する

猛省する ❖ 内省する ❖ 自省する ❖ 省察する ❖ 回顧する❖ 内観する ❖ 顧(かえり)みる ❖ 振り返る ❖ 思い返す ❖ 自問する ❖ 悔いる ❖ 自戒する ❖ 戒める ❖ 律する ❖ 見つめ直す ❖ 自分の胸にきく

ビジネスの場面でよく使われる「猛省」は、強く反省すること。「内省」は、自分自身に向き合い、自分の行いを振り返るという意味です。

# ネガティブワードをポジティブワードに変換

ポジティブな言葉を選ぶことで、文章全体のイメージが変わります。特にビジネスシーンやSNSなどでは、ネガティブな発言や一方的な悪口は避けたいものです。物事の視点を変えてみましょう。

| ネガティブワード ➡ ポジティブワード | ネガティブワード ➡ ポジティブワード |
|---|---|
| ●飽きっぽい ➡ **いろいろなことに興味がある** | ●しつこい ➡ **粘り強い** |
| ●諦めが早い ➡ **切り替えが早い** | ●神経質 ➡ **几帳面** |
| ●諦めが悪い ➡ **粘り強い** | ●世間知らず ➡ **ピュア** |
| ●ありきたり ➡ **定番の、ポピュラー** | ●狭い ➡ **こぢんまりした、コンパクトな** |
| ●行き当たりばったり ➡ **対応力がある** | ●せっかち ➡ **てきぱきしている、行動が早い** |
| ●意地っ張り ➡ **根気強い** | ●存在感がない ➡ **まわりに溶け込める** |
| ●うるさい ➡ **活気がある** | ●つかみどころがない ➡ **ほどよい距離感、ミステリアス** |
| ●横柄な ➡ **物怖じしない** | ●鈍感 ➡ **動じない、マイペース** |
| ●偉そうな態度 ➡ **貫禄がある、堂々としている** | ●能力が劣る ➡ **可能性を秘めている** |
| ●おしゃべり ➡ **社交的、明るい** | ●派手 ➡ **華やか** |
| ●おとなしい ➡ **控え目、静か** | ●八方美人 ➡ **社交的、フレンドリー** |
| ●落ち着きがない ➡ **活動的** | ●不器用 ➡ **素朴、純朴、地道に頑張る** |
| ●がさつ ➡ **おおらか、心が広い** | ●プライドが高い ➡ **誇り高い** |
| ●気が利かない ➡ **マイペース** | ●古い ➡ **歴史がある、年代物** |
| ●気が短い ➡ **決断が早い** | ●平凡 ➡ **一般的、手堅い、万人受けする** |
| ●気が弱い ➡ **慎重、繊細、謙虚** | ●保守的 ➡ **堅実** |
| ●頑固 ➡ **こだわりがある、意志が固い** | ●文句が多い ➡ **細かいところに気がつく** |
| ●口がうまい ➡ **話し上手、説得力がある** | ●理屈っぽい ➡ **理論的** |
| ●経験不足 ➡ **伸びしろがある** | ●優柔不断 ➡ **物事をよく考えている** |
| ●自己主張が強い ➡ **自分の考えをもっている** | |
| ●仕事が遅い ➡ **マイペース、仕事がていねい** | |

Quiz

語感をきたえよう❶

# 知っておきたい組み合わせ

## Q どちらが自然でしょうか？

① お茶を
- A 作る
- B 淹(い)れる

② 相槌(あいづち)を
- A 打つ
- B 入れる

③ 合いの手を
- A 挟(はさ)む
- B 入れる

④ 辞書を
- A 引く
- B めくる

⑤ 惰眠
- A をむさぼる
- B にふける

⑥ 約束を
- A 違(たが)える
- B 翻(ひるがえ)す

⑦ 常識
- A に背く
- B を覆(くつがえ)す

答え

①B淹れる　②A打つ　③B入れる　④A引く　⑤Aをむさぼる　⑥A違える　⑦Bを覆す

慣用句などの語句ですが、自然な文章を書くためには知っておきたい組み合わせです。

# 言い換え
# 敬語フレーズ

5種類に分けられる敬語

尊敬語への言い換えフレーズ

謙譲語への言い換えフレーズ

間違いやすい敬語フレーズ

# 5種類に分けられる敬語

敬語は立場や役割の違い、年齢や経験の違いによって、「敬い」や「へりくだり」の気持ちを表現するもの。大きく分けると、「尊敬語」「謙譲語」「丁寧語」の3種類、さらに5種類に分けられます。

| | |
|---|---|
| 尊敬語 | **1 尊敬語**<br>相手の動作や物事を高めて、尊敬の意を込める表現。主語は相手または相手の身内、もしくは敬意を表したい第三者。<br>例 ご指導くださいました。／部長がいらっしゃいました。 |
| 謙譲語 | **2 謙譲語Ⅰ**<br>自分の動作や物事をへりくだることによって、相手を高め、敬意を込める表現。主語は自分または自分の身内。<br>例 ご案内します。／明日、御社に伺います。 |
| | **3 謙譲語Ⅱ（丁重語）**<br>自分の動作や物事をへりくだって、丁重*に述べる表現。高める相手がいない場合に使う。主語は自分または自分の身内。<br>例 出張で東京へまいります。／利用いたします。 |
| 丁寧語 | **4 丁寧語**<br>「です」「ます」をつけて、相手に対して、ていねいに述べる表現。<br>例 4階です。／行きます。／了解しました。 |
| | **5 美化語**<br>名詞などの頭に「お」「ご」をつけて、話し手の上品さを伝える表現。<br>例 お食事／ご住所／ごゆっくり |



＊丁重とは、礼儀正しく、扱いが手厚いことを表します。

# 特別な言い方に変わる敬語

動詞の中には、敬語表現になると別の言い方に変わるものがあります。日常よく使われる動詞の尊敬語と謙譲語を紹介しますので、覚えておくとよいでしょう。

| 日常語 | 尊敬語 | 謙譲語 |
| --- | --- | --- |
| 行く | いらっしゃる／おいでになる | 伺う／まいる／参上する |
| 来る | いらっしゃる／おいでになる／お越しになる／お見えになる | 伺う／まいる |
| 言う | おっしゃる／仰せになる | 申し上げる／申す |
| 見る | ご覧になる／見られる／ご高覧になる／お目通しになる | 拝見する |
| 聞く | お耳に入る／お聞きになる | 伺う／拝聴する／承る |
| 会う | お会いになる／会われる | お目にかかる |
| 知る | ご存じ（である） | 存じる／存じ上げる／承知する |
| 思う | おぼし召す／お思いになる／思われる | 存じる／拝察する |
| する | なさる／される | いたす／させていただく |
| いる | いらっしゃる／おいでになる／おられる | おる |
| 食べる・飲む | 召し上がる／おあがりになる | いただく／頂戴する |
| 買う | お求めになる／お買いになる | いただく／頂戴する |
| あげる | 賜(たまわ)る／くださる | 差し上げる／進呈する／献上する |
| もらう | お受け取りになる／お納めになる | いただく／頂戴する／賜る／拝受する |

# 尊敬語への言い換えフレーズ

敬語はコミュニケーションを円滑に進めるための大切なツールです。相手と自分との立場の違いや、関係性によって使う敬語は変わってきます。相手の動作を自分よりも高めて相手への敬意を表すのが尊敬語です。

## 来てください

## »»» おいでください

「来る」の尊敬語は、「おいで（御出で）になる」です。「お越しください」「いらっしゃってください」とすることもできます。ちなみに「いらしてください」は「いらっしゃってください」の略語で、少しカジュアルな印象に。

例 来週の打ち合わせは、弊社までおいでください。

例 次回もぜひお越しください。お待ちしております。

## もらってください

## »»» お受け取りください

「もらう」の尊敬語は「お受け取りになる」や「お納めになる」。ビジネスメールでよく使われる「ご査収ください」は、差し出したものを相手に確認してもらったうえで、受け取ってほしいという意味の尊敬語です。

例 お約束のサンプル、本日、郵送しましたのでお受け取りください。

例 ささやかな品ですが、お納めください。

例 ご請求の資料お送りしました。ご査収のほど、よろしくお願いします。

## 見てください

## »»» ご覧ください

「見る」の尊敬語は「ご覧になる」「見られる」。助動詞「れる」「られる」の敬意ではやや軽いので、ていねいな「ご覧になる」がビジネス向き。

例 カタログを同封しましたので、ご覧ください。

## 話していました

## »»» おっしゃっていました

「話されていました」でも間違いではありませんが、敬意の強い「おっしゃる」のほうが一般的です。

よく使われる「おっしゃるとおり」は「そのとおり」をていねいにした言葉で、相手の意見に全面的に賛成していることを伝えます。

例 先週の会合でお客様がおっしゃっていたことを、お伝えします。

## 待っていてください

## »»» お待ちになってください

「待つ」の尊敬語は「お待ちになる」「お待ちくださる」。ほかに「お待ちください」でも、「お～ください」の用法で尊敬を表せます。また、謙譲語は「お待ちする」になり、「ご来社お待ちしております」のように使います。

例 会議室でお待ちになってください。

## 返事をくれました

## »»» 返事をくださいました

「くれる」の尊敬語は「くださる」です。「くださる」には２つの使い方があり、「〜をくださる」だと「〜をくれる」という意味、「〜くださる」だと「〜してくれる」という意味になります。後者の場合、「ご確認くださり、ありがとうございます」のように使います。

例 お土産をくださり、ありがとうございます。

## 食べてください

## »»» 召し上がってください

「召し上がる」は「食べる」の尊敬語で飲む行為も含みます。「召し上がる」自体が尊敬語なので、食品パッケージなどに書かれている「○○してお召し上がりください」はやや過剰。正しくは「○○して召し上がってください」。

例 明日の昼食は、弊社で召し上がってください。

## 着ますか

## »»» お召しになりますか

「お召しになる」は衣装などを身に着けることをいう尊敬語。「素敵なお召し物」は相手の身に着けている物をほめる敬語表現です。

例 一度お召しになった商品でも返品に応じます。

## わかってください

## 》》》ご理解ください

「理解」には「物事がわかること」に加え、「相手の気持ちや事情を把握すること」という意味があります。相手に敬意を示しながら、自分の気持ちも考慮してほしいときの表現に適した言葉です。

例 出荷が遅れる可能性がございます。ご理解のほどよろしくお願いいたします。

## 座ってください

## 》》》お掛けください

「座る」の尊敬語は「お座りください」でもよいですが、「お座り」の表現が犬のしつけを連想させることもあるため、「お掛けください」のほうが無難。

例 こちらにお掛けください。

## 買いますか

## 》》》お求めになりますか

尊敬語として「お買いになる」も間違いではありませんが、日本語はお金に関する直接的な表現を避ける傾向があります。お金を意識させない「お求めになる」を使いたいところです。

例 お得な商品をご用意しています。ぜひお求めください。

# 謙譲語への言い換えフレーズ

**謙譲語は、自分や自分に関することをへりくだることによって、相手を上の立場に見せて敬意を表す敬語です。謙譲語の主語は自分、もしくは自分の身内の人だということを覚えておきましょう。**

## 引き受けました

## »»» 承りました

「承る」は、「聞く」「受ける」「引き受ける」「伝え聞く」の謙譲語。お客様の話を聞いたとき、注文や予約を受けたとき、仕事を引き受けたときなど幅広く使えるフレーズです。

例 ○○様からのご注文を確かに承りました。

## もらえますか

## »»» 頂戴できますか

「もらう」の謙譲語「頂戴する」は、時間をつくってほしいと依頼するとき、物をもらったときなどに使える言葉です。また、「賜る」も「もらう」の謙譲語ですが、古風で格調のある言葉なので、「頂戴する」よりも相手を敬う印象が強くなります。

例 ご多用の折、申し訳ありませんが、お時間を頂戴できますか。

例 素敵なものを頂戴しまして、誠にありがとうございます。

例 ○○様よりご紹介を賜りました、□□と申します。

### 行きます

### »»» **伺います**

「伺う」は、「行く」「聞く」「尋ねる」の謙譲語です。行った先にいる目上の相手、質問する相手に敬意を払う表現です。

例 来週、伺います。よろしくお願いします。

### 聞きました

### »»» **拝聴しました**

「拝聴」は耳を傾けるという意味。実際に耳で聞くことに対して使います。

例 ○○様のお話を拝聴できますこと、楽しみにしております。

### 読みました

### »»» **拝読しました**

「拝読する」は「読む」の謙譲語。「拝読されましたか」は間違いです。

例 先日いただいた資料、拝読しました。

**プラスアルファ α**

「拝聴」「拝読」のほか、「拝」がつく謙譲語には、「拝見（見る）」「拝借（借りる）」「拝受（受け取る）」「拝察（思う）」などがあります。

資料をあげます

## »»» 資料を差し上げます

「差し上げる」や「進呈する」は「あげる」の謙譲語です。物に対しては「差し上げる」「進呈する」を、連絡については「差し上げる」を使います。

例 発売に先駆けて、サンプルを差し上げます。

例 ご来場者には粗品を進呈します。

例 スケジュールについては、改めてご連絡差し上げます。

伝えます

## »»» 申し伝えます

「申し伝える」は「言い伝える」の謙譲語Ⅱ（➡P154）です。「申し上げる」は、話をする相手に敬意を払う言葉であるのに対し、「申し伝える」は、今話している相手に丁重に述べる言葉です。

例 ○○様のご意見は、早急に上長に申し伝えます。

知らせておきます

## »»» お耳に入れておきます

「お耳に入れる」は「知らせる」の謙譲語です。正式に報告するというよりは、さりげなく知らせるというニュアンスです。

例 正式な発表前に、部長のお耳に入れておきたいことがございます。

## 助けてください

## »»» お力添えください

「力添え」には、「手助けする」「力を貸す」といった意味があります。主に「お」をつけて、相手の協力を表す言葉として使います。似た言葉に「尽力」があり、こちらは「力を尽くすこと」「骨折り」を意味します。自分の行為にも使え、「微力ながら尽力させていただく所存です」のように使います。ただ、依頼で使うと、全力を尽くすよう要求するようで不自然です。

例 何卒お力添えくださいますようお願い申し上げます。

## 知っています

## »»» 存じております

「知る」の謙譲語は「存じる」「承知する」です。物や事柄を知っているときには「存じております」を使います。一方、目上の人のことを知っているときは、「存じ上げております」を用いるとよいでしょう。

例 御社の商品のことをよく存じております。

例 ○○様のこと、以前から存じ上げております。

**プラスα（アルファ）**

「存じる」は日常やビジネスシーン、メールなどさまざまな場面で幅広く使える言葉です。「思う」「考える」の謙譲語でもあり、「うれしく存じます」「お願いしたく存じます」「ありがたく存じます」「ご多忙のことと存じます」などと使います。

# 間違いやすい敬語フレーズ

**敬語は敬意の気持ちをもって使いたいもの。誰が誰に、何を伝えたいのかをよく考えながら対応しましょう。尊敬語と謙譲語の混同や、二重敬語など、間違った敬語は失礼になるので、注意が必要です。**

## △ ご苦労様です
## ○ **お疲れ様です**

「ご苦労様」は文法上問題ありませんが、上から「ご苦労」と労っているように受け取る人もいるので、目上の人に使うのは避けましょう。

「お疲れ様」をていねいに表現したいときは、「お疲れ様でございました」を使っている人もいますが、ややまどろっこしい表現です。

例 お疲れ様です。定例ミーティングを下記のとおり開催いたします。

## × 拝見されましたか
## ○ **ご覧になりましたか**

「拝見」は「見る」の謙譲語です。したがって、相手の動作に「拝見」を使うのは失礼です。相手が何かを見る場合には、「見る」の尊敬語「ご覧になる」や「見られる」を使います。

また、「ご覧になられましたか」も、「ご～なる」＋「られる」の二重敬語(➡P170）になり、間違いです。

例 先日お配りした資料は、ご覧になりましたでしょうか。

△ 来られました

**○ いらっしゃいました**

「られる」や「れる」をつけると尊敬語になりますが、やや敬意が軽くなります。この場合は、「いらっしゃる」「お越しになる」「おいでになる」を使いましょう。

例 先日、○○様が当社にいらっしゃいました。

例 明日は何名様でお越しになりますか。

× ご持参ください

**○ お持ちください**

「持参する」は謙譲語の「参」の字を含むので、相手に持ってきてもらいたいときは、「お持ちください」にするほうが安心です。

例 お渡しした資料をお持ちください。

× 担当者に伺ってください

**○ 担当者にお尋ねください**

「伺う」は「尋ねる」の謙譲語です。相手の行為である「尋ねる」を謙譲語にするのは間違いです。「お尋ねください」や「お聞きください」に言い換えることができます。

例 ご不明な点がございましたら、担当者にお尋ねください。

× 何にいたしますか

**○ 何になさいますか**

「いたす」は「する」の謙譲語なので、相手の行為に対しては使えません。尊敬語の「なさる」を使います。間違いやすいので注意しましょう。

例 懇親会での昼食は、何になさいますか。

× どうぞいただいてください

**○ どうぞ召し上がってください**

「いただく」は「食べる」の謙譲語です。謙譲語は自分の動作に用いる言葉なので、相手の行為には「食べる」の尊敬語「召し上がる」を使うのが正解。「食べる」は尊敬語と謙譲語になるときの両方で、特別な形になる動詞です。間違いやすいので、しっかり覚えておきましょう。

例 お口に合いますかわかりませんが、どうぞ召し上がってください。

× 皆様によろしくお伝えしてください

**○ 皆様によろしくお伝えください**

「お伝えする」は「お」がありますが、「お～する」となると謙譲語になるので、目上の人の動作に謙譲語を使っていることになります。シンプルに「伝えてください」とするか、尊敬語で「お伝えください」としましょう。

例 先日はお世話になりました。皆様によろしくお伝えください。

△ お久しぶりです

**○ ご無沙汰しております**

「ご無沙汰する」には、長らく連絡をせず申し訳なかったという、お詫びの気持ちが含まれています。友人同士や気楽な間柄であれば、「お久しぶりです」でも十分です。

例 大変ご無沙汰しておりますが、お変わりありませんか。

× ご一緒に行きます

**○ お供いたします**

上司やお客様など、目上の人と一緒に行く場合には、謙譲語を用いて「お供いたします」というのが無難です。飲み会の誘いであれば、「お相伴(しょうばん)いたします」でも。

例 お誘いありがとうございます。当日は喜んでお供いたします。

× 忘れておりました

**○ 失念しておりました**

忘れたことをあまりにストレートにいうのは、開き直っているようで失礼な印象があります。硬質な熟語を用い、きちんとした言葉遣いをすることで、せめてもの反省を示しましょう。

例 打ち合わせの予定を失念しておりました。大変申し訳ございません。

× 母に譲っていただきました

○ **母に譲ってもらいました**

「いただく」は「もらう」の謙譲語です。目上の人から金品をもらうときなどに使います。身内のことを他人に伝えるときに「いただく」を使うと、身内を敬うことになり、間違いです。

例 今年の誕生日は、祖父からもプレゼントをもらいました。

× 休みをいただいております

○ **休みを取っております**

上でも述べたとおり、「いただく」は「もらう」の謙譲語。休みは相手先からもらうものではないので、間違いです。

例 申し訳ございません。来週の月曜日は休みを取っております。

× 祖父が逝去しました

○ **祖父が他界しました**

「逝去（せいきょ）」は亡くなった人を敬うときに使う尊敬語です。身内以外の人が亡くなったときに用います。身内の場合は「他界」や「永眠」が適しています。

例 先月、叔母が他界しました。

例 父○○は○月○日に永眠いたしました。謹んで皆様にお知らせ申し上げます。

× 先に帰ります

○ **おいとまいたします**

「いとま（暇）」は、訪問先から去るという意味があり、「暇乞い（別れを告げる意）」という名詞もあります。「お～する」の形にすることで、「帰る」の謙譲語になります。「失礼します」も似たような使い方をします。

例 そろそろおいとまいたします。

△ 大変参考になりました

○ **大変勉強になりました**

似た言い回しですが、「参考」だと、自分の考えを決めるときの足しにするという語感があり、目上の人に対してはやや失礼な印象となります。心の底から学ばせてもらったというニュアンスを「勉強」で出します。

例 先日の講演会では大変勉強になりました。ありがとうございました。

× 海外に伺います

○ **海外にまいります**

「伺う」も「まいる」も「行く」の謙譲語ですが、「伺う」は、行く先に敬意を払うべき相手がいるときにのみ使えます。一方「まいる」は、どこに行くときでも使えます。

例 明日から出張で大阪にまいります。

## 間違いやすい二重敬語の例と言い換え

同じ種類の敬語を２回使う「二重敬語」は、ていねいに伝えようとし過ぎて陥る表現です。敬語の使い過ぎは、かえって失礼になります。特に「お（ご）～なる」＋「れる（られる）」のパターンは誤用が多いので要注意。

### 「お（ご）～なる」＋「れる（られる）」

×おっしゃられた ➡ **〇おっしゃった**

×お話しになられた ➡ **〇お話しになった**

×おいでになられた ➡ **〇おいでになった**

×お求めになられた ➡ **〇お求めになった**

×お見えになられた ➡ **〇お見えになった**

×お帰りになられた ➡ **〇お帰りになった**

×お越しになられた ➡ **〇お越しになった**

×ご覧になられた ➡ **〇ご覧になった**

×ご利用になられた ➡ **〇ご利用になった**

×お召し上がられましたか ➡ **〇召し上がりましたか**

### 「謙譲語」＋「申し上げる（謙譲語）」

×拝見申し上げました ➡ **〇拝見しました**

×頂戴申し上げます ➡ **〇頂戴します**

### 「謙譲語」＋「させていただく（謙譲語）」

△拝聴させていただいた ➡ **〇拝聴しました**

△お目にかからせていただいた ➡ **〇お目にかかりました**

△伺わせていただきます ➡ **〇伺います**

△申し上げさせていただきます ➡ **〇申し上げます**

＊相手から許可を得て行う文脈であれば成立するが、単により敬意を表す意図なら不適。

# 敬称の一覧

敬称は目上の相手やその身内、相手の物事などに対して、敬意や尊敬の気持ちを込めて表す呼び方です。自分側の呼称と合わせて覚え、敬語の使い分けができるようにしましょう。

## 人に対する敬称

| 自分側の呼称 | 敬称（相手側の呼称） |
|---|---|
| 私／私ども／手前ども／当方 | ○○様／あなた様／貴殿 |
| 父 | お父様／ご尊父様／お父上 |
| 母 | お母様／ご母堂様／お母上 |
| 夫／主人 | ご主人／ご主人様 |
| 妻 | 奥様／ご令室 |
| 祖父 | ご祖父様／おじい様 |
| 祖母 | ご祖母様／おばあ様 |
| 子ども | お子様／お子さん |
| 孫 | ご令孫 |

| 自分側の呼称 | 敬称（相手側の呼称） |
|---|---|
| 息子 | ご子息／ご子息様／ご令息 |
| 娘 | お嬢様／ご令嬢／ご令嬢様 |
| 兄 | お兄様／兄上様／ご令兄 |
| 姉 | お姉様／姉上様／ご令姉 |
| 弟 | ご令弟 |
| 妹 | ご令妹 |
| 両親／父母 | ご両親／ご両親様 |
| 家族／一家／家族一同 | ご家族様／皆様／ご一家／ご一族 |
| 親戚 | ご親戚／ご親族 |

## 場所や物に対する敬称

| 日常語 | 自分側の呼称 | 敬称（相手側の呼称） |
|---|---|---|
| 名前 | 名前／氏名 | お名前／ご芳名 |
| 会社 | 弊社／当社／小社 | 貴社／御社（➡P108） |
| 学校 | 当校 | 貴校／貴学 |
| 店 | 当店／弊店 | 貴店 |
| 銀行 | 当行／弊行 | 貴行 |
| 病院 | 当院 | 貴院 |
| 官庁 | 当庁 | 貴省／貴庁 |
| 会 | 当会 | 貴会 |
| 家・住居 | 拙宅（せったく）／小宅（しょうたく）／わが家 | 貴家／尊家／貴宅／貴邸 |
| 住所（住まい） | 住所／当地 | 貴地／御地 |
| 手紙 | 手紙 | お手紙／貴簡／ご芳書／玉書（ぎょくしょ） |
| 文書 | 書面／書中 | ご書面／貴信／貴書 |
| 品物 | 粗品／寸志 | お品物／ご厚志（こうし）／佳品（かひん） |

Quiz 語感をきたえよう❷

# 似ている語の繊細な使い分け

## Q どちらが入ると自然でしょうか？

### ① 象徴・代表

**A** 彼はクラスを（　　　）して全校集会でスピーチした。

**B** ハトやオリーブの枝は平和を（　　　）する存在だ。

### ② 権力・権威

**A** 有名誌に論文が掲載されたその道の（　　　）。

**B** 最終的に（　　　）を握った。

### ③ 白状・吐露

**A**（　　　）すると、今日お金を持っていないんだ。

**B** 長年抱えていた葛藤を（　　　）する。

答え

| | |
|---|---|
| ①A代表　B象徴 | 抽象概念をイメージの通じる具体物に託すのが「象徴」です。「代表」は、同質なもの同士の関係で成り立ちます。 |
| ②A権威　B権力 | 地位や暴力を武器にして強制的に従わせるのが「権力。「権威」は、そのすごさによって、下のものを自発的に従わせること。 |
| ③A白状　B吐露 | 「白状」は、自分の罪や悪事を打ち明けるニュアンスが強い。「吐露」は、心の底を誠実に伝えるニュアンスになります。 |

# すぐに使える シーン別フレーズ

あいさつ

結び

お礼・感謝

お祝い

お見舞い

お悔やみ

退職・転職・異動

ねぎらい・励まし

称賛

# 書き出しのメールサンプルとポイント

## 社内宛てのメール

取引先・お客様　上司・目上の人　同僚・知人

**件名：打ち合わせご同行のお礼**

○○課長

お疲れ様です。
営業１課の○○です。

本日は○○社への打ち合わせに
ご同行いただきありがとうございました。

## 社外宛てのメール

取引先・お客様　上司・目上の人　同僚・知人

**件名：打ち合わせのお礼**

○○株式会社
営業部　○○様

お世話になっております。
株式会社○○ 商品開発部の○○です。

本日はお忙しいところ、弊社までご足労いただき、
誠にありがとうございました。

社内メールは「お疲れ様です」、社外メールは「お世話になっております」が基本。また、最後に署名が入っているとは思いますが、必ずこの2つのあいさつ定型文の直前か直後に名乗ります（➡P192）。

POINT

社内宛てメールの書き出しは上司でも同僚でも「お疲れ様です」が基本。朝の時間帯なら「おはようございます」としても。

POINT

名乗りのあとに要旨を書きます。伝えたい内容を簡潔にまとめましょう。お礼メールは当日か翌日に送信を。

POINT

社外宛てメールの書き出しは、日頃からつき合いがある場合は「お世話になっております」。少し改まるなら「平素より大変お世話になっております」。

プラスα（アルファ）

初めてメールを送る場合には「初めてご連絡いたします」、久しぶりにメールを送る場合には「ご無沙汰しております」とします。

POINT

社外宛ての場合は、あいさつのあとに自分の会社名を必ず名乗りましょう。

## 1 基本のあいさつ

取引先・お客様　上司・目上の人　同僚・知人

**お疲れ様です。**

**おはようございます。**

例 お疲れ様です。○○部の山本です。

社内メールの基本のあいさつは「お疲れ様です」。親しみもこもったフレーズで上司にも同僚にも使えます。

取引先・お客様　上司・目上の人　同僚・知人

**お世話になっております。**

**いつもお世話になっております。**

**平素より大変お世話になっております。**

例 いつもお世話になっております。○○社の鈴木翔太です。

ビジネスメールでもっとも基本的なあいさつが「お世話になっております」。頻繁に連絡を取り合う相手には「いつも」や「大変」をつけるなど関係によってアレンジを。面識がある相手に送るのが普通ですが、面識がない相手でも組織間で取り引きがある場合などは使っても問題ありません。

## 2 状況に合ったあいさつ

取引先・お客様　上司・目上の人　同僚・知人

**平素は格別のお引き立てを賜り、厚くお礼申し上げます。**

**平素は格別のお引き立てをいただき、ありがとうございます。**

**日頃よりご愛顧を賜り、心よりお礼を申し上げます。**

例 ○○社の前田浩介です。平素は格別のお引き立てをいただき、ありがとうございます。

「お世話になっております」を改まった文言にしたものが「平素は格別のお引き立てをいただき～」となります。見積書や企画書などの文書を送るときや、組織から組織へという意味合いのメッセージを送る際に使います。

プラスα（アルファ）

「お引き立てを賜（たまわ）り」の「賜る」は、「もらう」「受ける」などの謙譲語。目上の人から何かをいただくという意味で、ビジネス用語として使えるシーンが多いので覚えておきましょう。たとえば「先生にご指導を賜る」「貴社のご意見を賜る」「○○は外出中につきご伝言賜ります」などといった使い方をします。

取引先・お客様　上司・目上の人　同僚・知人

**お忙しいところ失礼いたします。**

**お忙しいところ大変申し訳ございません。**

**お忙しいところ恐れ入ります。**

**ご多忙のところ失礼いたします。**

**ご多用のところ恐れ入ります。**

例 お忙しいところ失礼いたします。株式会社○○ □□部の長谷川です。

例 ご多忙のところメールにて失礼いたします。株式会社 ○○の斉藤です。

ちょっとした要件などでメールするときに便利なあいさつ。時間帯や日程などから考えて相手が忙しいと想定されるときに送るので、手間のかかる要件では使わないほうがよいでしょう。

なお、「お忙しいところ」より「ご多忙のところ」または「ご多用のところ」のほうがかしこまった表現です。

プラスアルファ α

メール冒頭のあいさつだけでなく、「お忙しいところ恐れ入りますが～」と、文の途中で使う場合もあります。何か相手に依頼をするとき、このフレーズをはさむことでやわらかい印象になります。

| 取引先・お客様 | 上司・目上の人 | 同僚・知人 |
|---|---|---|

**立て続けにすみません。**

**立て続けのご連絡にて失礼いたします。**

**何度も申し訳ありません。**

**たびたび申し訳ございません。**

**たび重なるご連絡、失礼いたします。**

例 立て続けにすみません。先ほどお伝えし忘れましたが～

例 ○○企画の小林です。何度も申し訳ありませんが、△△の件について変更がございました。

あまり間をあけずにメールを送る場合に用いる文言。相手は何度もメールを開かなくてはならず、迷惑に感じているかもしれないため謝罪します。特に一度ですむはずの要件を、こちらのミスで何度も繰り返さなければならない場合は、必ず謝罪の1文を入れましょう。

社内向けには「すみません」、社外向けには「申し訳ありません」「申し訳ございません」がていねいです。

プラスα（アルファ）

自分が連絡する場合、「連絡」とするか「ご連絡」とするか悩むところですが、「ご連絡」が正解です。これは敬意を払う相手への連絡という意味での謙譲語の「ご」になります。

## 3 初めてのメール

**取引先・お客様** ｜ 上司・目上の人 ｜ 同僚・知人

**初めてご連絡いたします。**

**初めてメールいたします。**

**突然のメールにて失礼いたします。**

**○○様のご紹介で初めてメールを送らせていただきます。**

例 株式会社○○ □□部　第一課課長　佐々木奈緒様
初めてご連絡いたします。○○株式会社□□部の木村健司と申します。

例 初めてメールいたします。先日の展示会にてごあいさつさせていただきました○○社の石井美香です。

面識のない相手にいきなりメールを送る場合、まずは確実に相手に届くよう、宛先に相手の社名、所属、肩書などをしっかり書きます。たとえば入手したメールアドレスから担当者が変更になっている場合なども、正しい相手に届くよう配慮してのことです。

また、あいさつのあとに、自分の社名（もしくは相手との関係）や名前も詳しく書きます。「します」より、「いたします」「差し上げます」のほうがより好印象です。

なお、面識はあるけれどもメールは初めてという場合には、どこで会ったのかなどを添えると親切です。

取引先・お客様　上司・目上の人　同僚・知人

**初めてメールいたします。**

**初めまして。**

**突然のメール失礼します。**

**突然のご連絡失礼します。**

例 初めてメールいたします。この度、○○部□□課に配属になりました橋本智子です。

例 突然のメール失礼します。○○部□□課の高橋哲也と申します。□□部の△△さんからのご紹介で、○○の件でお伺いしたくご連絡しました。

社内で新しい部署に配属された場合や、新規プロジェクト立ち上げなどの場合、詳しい人に教えを請う場合などに使います。身内ですが、まずはていねいにあいさつしましょう。上司なら「初めてメールいたします」、同僚なら「初めまして」でもよいでしょう。

すぐに名乗るのはもちろん、具体的な要件や、社内でどのような立場なのかを冒頭で明確にしましょう。

プラスアルファ（＋α）

初めてのメールの場合、社外でも社内でもスムーズに開いてもらえるよう、要件のほか、所属や名前を件名に入れます。「○○の件でご相談　□□部第１課　小川」など端的に。

## 4 久しぶりのあいさつ

取引先・お客様　上司・目上の人　同僚・知人

**お久しぶりです。**

**ご無沙汰しております。**

例 お久しぶりです。□□プロジェクトでお世話になった○○社の山崎です。お変わりありませんか。

例 ご無沙汰しております。昨年夏に□□でご一緒させていただいた株式会社○○の田中です。

例 ご無沙汰しております。ガイドブック『□□』の改訂版が出ることになりましたので、前回と同様に編集をお願いしたく、メールを差し上げました。

しばらく会っていない相手、連絡を取り合っていない相手へのあいさつ。同僚にも使えるカジュアルな「お久しぶりです」と、これの謙譲語で少していねいな「ご無沙汰しております」。特に後者はビジネスシーンでは頻繁に使うあいさつです。

会っていない期間の目安としては、数か月以上と考えましょう（年単位で会っていない場合は➡P183）。

**プラスα（アルファ）**

相手がすぐに思い出せない場合もあるので、所属や名前はもちろん、最後に会ったのはいつか、どんな場所か、どのようなシーンか、またはどんな関係であるかなどを具体的に知らせるとよいでしょう。

| 取引先・お客様 | 上司・目上の人 | 同僚・知人 |
| --- | --- | --- |

**大変ご無沙汰しております。**

**長らくご無沙汰しております。**

**すっかりご無沙汰してしまい申し訳ありません。**

例 大変ご無沙汰しております。○○社の吉田です。□□の件ではお世話になり、ありがとうございました。その後、お変わりなくお過ごしでしょうか。

例 長らくご無沙汰しております。『□□』制作の際にお世話になりましたメディア制作部の竹内です。実は、同じ部署の者が○○様に撮影を依頼したいと申しておりまして、ご相談のメールを差し上げた次第です。

例 すっかりご無沙汰してしまい申し訳ありません。20xx年の□□セミナーの際、ご一緒させていただきました○○企画の松本です。その後、お変わりありませんでしょうか。

年単位で会っていない場合や大切な取引先などに対しては、「ご無沙汰しております」に、「大変」や「長らく」などの言葉をつけ加えるとていねいです。

あまり間があいているとぶしつけな印象を与えることもあるので、「申し訳ありません」というお詫びのフレーズを添えてもよいでしょう。

また、「お変わりありませんでしょうか」など、相手を気遣う１文を添えるのも親切です。ただし、初対面の人やかかわりが浅い人には使えない表現なので注意しましょう。

## 5 返信のあいさつ

取引先・お客様 | 上司・目上の人 | 同僚・知人

**ご連絡ありがとうございます。**

**早速のご連絡ありがとうございます。**

**確認いたしました。**

例 ご連絡ありがとうございます。おかげさまで○○の件をスムーズに解決することができました。

例 早速のご連絡ありがとうございます。いただいた最新の情報を参考にさせていただきます。

例 確認いたしました。ご指摘の件、原因を調査し改めてご連絡いたします。

相手からのメールに対する返信のあいさつ。「ありがとうございます」を入れるとていねいですが、頻繁にやり取りをしている相手や社内の人の場合、「確認いたしました」などと簡潔にしてもよいでしょう。

プラスα（アルファ）

「返信不要です」というメールがきた場合も、相手が気を遣う取引先やお客様の場合はひと言返信するほうが安心でしょう。「返信不要です」は、相手の手間に配慮した気遣いのひと言ですが、どちらにとってもやり取りを効率化するための提案であることも。

取引先・お客様 | 上司・目上の人 | 同僚・知人

**早速のご返信ありがとうございます。**

**ていねいなご返信をありがとうございました。**

**返信が遅くなり大変申し訳ございません。**

例 早速のご返信ありがとうございます。打ち合わせの日程について調整いたしました。つきましては～

例 ていねいなご返信をありがとうございます。ご質問の件ですが、今月中に改めて担当者よりご連絡いたします。

例 返信が遅くなり大変申し訳ございません。拝見した企画書の内容で問題ございませんので、このまま進行をお願いいたします。

メールに返信をもらい、さらに返信をするときのあいさつ。相手からの疑問を投げかけられて解決に時間を要する場合は、「すぐに回答はできないけれど改めて連絡する」旨を伝えます。

休日をはさむなどして返信が遅くなった場合は、「返信が遅れて申し訳ございません」など、お詫びのひと言を加えましょう。

**プラスα（アルファ）**

返信に返信を重ねていると、件名に「Re」が続いてしまう仕様のソフトがあります。その場合、「Re」を１つだけ残して削除するとよいでしょう。情報の整理のため同じ案件が続いているときは件名は変更せず、内容が変わったときに件名を新しくしましょう。

## 6 年始のあいさつ

取引先・お客様 | 上司・目上の人 | 同僚・知人

**あけましておめでとうございます**

**謹んで新年のお慶びを申し上げます**

**謹んで新春のお祝いを申し上げます**

**謹んで年頭のごあいさつを申し上げます**

例 あけましておめでとうございます
今年もよろしくお願いいたします

例 謹んで新年のお慶びを申し上げます
旧年中は大変お世話になりました

新年のあいさつは松の内（1月7日）までに送るようにしましょう。1月7日を過ぎてしまった場合は、「寒中見舞い」として送る必要があります。

年賀状には句読点をつけないのがマナーです。新年のあいさつメールも同様にするのがよいでしょう。また、忌（い）み言葉を使わないようにするのも大切なマナー。忌み言葉とは、不吉な意味や連想から使用を避ける語。去る、破れる、枯れる、病む、倒れる、絶える、衰える、失うなどがあります。

プラスα（アルファ）

新年を祝う言葉「賀詞（がし）」で1、2文字のもの（吉、迎春、賀正など）は目上の人には使えません。謹賀新年、恭賀新年などは大丈夫です。

# 7 年末のあいさつ

取引先・お客様　上司・目上の人　同僚・知人

**本年も残りわずかとなりましたが、1年間、大変お世話になりました。**

**いよいよ年の瀬も迫ってまいりました。**

**師走を迎え、いっそう慌ただしくお過ごしのことと存じます。**

例 本年も残りわずかとなりましたが、1年間、大変お世話になりました。心よりお礼申し上げます。

例 いよいよ年の瀬も迫ってまいりました。今年1年ご指導、ご協力をいただきまして、誠にありがとうございました。

年末の最終営業日は企業によって異なりますから、少し余裕をもって12月21～25日あたりを目安に送信しましょう。

年末は多忙で、メールのやり取りも増えます。見る人が年末のあいさつだとすぐわかるように、メールの件名を「年末のごあいさつ　株式会社〇〇(企業名)　□□（氏名)」「株式会社〇〇　年末のごあいさつ」などとするとよいでしょう。

プラスアルファ α

年末のあいさつメールでは、自社の最終営業日と年始の営業開始日を記載し、取引先とのやり取りがスムーズに行われるようにします。

## 8 春のあいさつ

取引先・お客様　上司・目上の人　同僚・知人

**ようやく風も暖かくなってまいりました。**

**すっかり春めいてまいりました。**

**厳しい寒さも和らぎ、春の陽気を感じられるようになりました。**

**やわらかな春の光のうれしい季節となりました。**

**陽春の候、皆様元気でお過ごしのことと存じます。**

例 ようやく風も暖かくなってまいりました。貴社ますますご発展のこととお喜び申し上げます。

例 やわらかな春の光のうれしい季節となりました。皆様元気でお過ごしのことと存じます。

暦の上では立春が2月初旬なので、「向春（こうしゅん）の候」「梅花の候」といった春を象徴する言葉を使うことがあります。一般的には春のあいさつがふさわしいのは3～5月前後ですが、冬の気配が残っていたり、夏を思わせる暑さになったりすることもあるので、そのときの気候に合わせた言葉を選びましょう。

フォーマルなメールで用いられるのが、「○○の候」「○○の折」といった漢語調の書き出し。このあとに続けて、相手の繁栄を喜ぶ言葉や、安否を尋ねる言葉を続けます。

# 9 夏のあいさつ

取引先・お客様　上司・目上の人　同僚・知人

**さわやかな初夏の季節となりました。**

**雨降りの日が続きますが、お変わりなくお過ごしでしょうか。**

**大暑の候、貴社ますますご繁栄のこととお喜び申し上げます。**

**今年の夏はひときわ暑いようです。**

**残暑厳しき折、○○様にはご健勝のことと存じます。**

例 さわやかな初夏の季節となりましたが、いかがお過ごしでしょうか。

例 今年の夏はひときわ暑いようですが、元気でお過ごしのことと存じます。

梅雨の6月、夏本番となる7月、残暑が厳しい8月、それぞれの時期に合わせて適切な言葉を選ぶようにします。梅雨がほとんどない北海道など、相手が住んでいる場所も考慮しましょう。

立秋の8月7～8日頃はまだ真夏ですが、これ以降は暑中見舞いではなく残暑見舞いを出す時期。「立秋」「残暑」「晩夏」などが使われます。

## 10 秋のあいさつ

| 取引先・お客様 | 上司・目上の人 | 同僚・知人 |
| --- | --- | --- |

**初秋とはいえ暑い日が続きます。**

**気持ちのいい秋風が吹き渡る頃となりました。**

**秋晴れのさわやかな日が続いております。**

**秋も深まり、木々が色づき始める季節となりました。**

**錦秋の候、いかがお過ごしでしょうか。**

例 秋晴れのさわやかな日が続いておりますが、元気でお過ごしでしょうか。

例 秋も深まり、木々が色づき始める季節となりました。皆様お変わりなくお過ごしのこととお喜び申し上げます。

秋の始まりとされる9月は、近年、まだ暑さが感じられることも多く、「残暑の候」などの表現を使っても間違いではありません。10月ともなれば秋も本番で、地域によっては木々も色づくので、「紅葉」や「錦秋」といった言葉がふさわしくなります。

11月になると秋も深まり、冬が間近に感じられることもあります。「晩秋」や「立冬」、「霜秋(そうしゅう)」、「向寒(こうかん)」といった言葉が適しています。年末年始にあいさつに行く間柄の人には、会えるのを楽しみにしているという気持ちを、ひと言添えてもよいでしょう。

## 11 冬のあいさつ

| 取引先・お客様 | 上司・目上の人 | 同僚・知人 |
|---|---|---|

**寒さが一段と厳しくなってまいりました。**

**凍てつく寒さが身にしみるこの頃でございます。**

**厳寒の候、ますますご清栄のこととお喜び申し上げます。**

**年末に向け、お忙しくお過ごしのことと存じます。**

**立春とは名ばかりの寒い日々が続いております。**

例 寒さが一段と厳しくなってまいりましたが、元気でお過ごしでしょうか。

例 立春とは名ばかりの寒い日々が続いておりますが、皆様お変わりございませんか。

12月の初めは、地域によって紅葉がまだ盛りの場合があるので、その年の季節に応じて紅葉を愛でる表現も使えます。12月も後半になると、何かと忙しくなり、「師走」や「歳末」といった言葉が似合うように。「今年もいよいよ押し迫ってまいりました」という書き出しもよく使われます。

1月には「新春」「迎春」など正月関係の言葉や「厳寒」「寒冷」など冬本番を象徴する言葉が使われます。2月は寒さが厳しいですが、暦の上では2月初旬に立春を迎えるので、春を待つ心理を盛り込むのもおすすめ。

## 12 名乗り方

取引先・お客様　上司・目上の人　同僚・知人

○○社の伊藤です。

○○社の渡辺悠真です。

○○社□□部の中村です。

○○社で□□を担当しております山口です。

先日、お電話でお話しさせていただきました○○社の池田です。

例 大変お世話になっております。○○企画□□部の石川です。

例 株式会社○○の坂本です。お世話になっております。

文末に社名や電話番号などが入った署名をつけますが、誰からのメールか相手にすぐにわかるよう冒頭でも一度名乗ります。

なお、名乗るタイミングですが、「お世話になっております」などのあいさつの前でもあとでもかまいません。

**ここが大切！**

社外の人へのメールでは、社名や部署名なども入れましょう。頻繁にメールをやり取りするようであれば、2回目以降は省略してもかまいません。

**村上です。**

**藤田美羽です。**

**□□部の中川です。**

**□□部の田村と申します。**

**新入社員の小野です。**

例 お疲れ様です。□□部の石田です。

例 □□部の中山と申します。お忙しいところ失礼いたします。

例 □□部に配属されました、新入社員の野口です。

社内でのメールのやり取りでも冒頭に名乗るのがマナー。相手との関係性によって、部署名まで入れるか、名前だけにするかなどを判断します。

たとえば、同じ部署内で確実に名前を認識されている場合、所属は省略。何度もやり取りが続く場合も、同じく省略します。1日に何通もやりとりするくらい頻繁なときには、名前を省略してかまいません。

プラスα（アルファ）

社内でも目上の人に初めてメールを送る場合は「田中と申します」とていねいに。ただし、これはほとんど面識のない場合です。面識がある場合は「田中です」と簡潔にしたほうがよいでしょう。

# 結び

## 結びのメールサンプルとポイント

### 返信を求めるメール

取引先・お客様　上司・目上の人　同僚・知人

○○の件で詳細資料を添付にてお送りいたします。

ご確認のうえ、ご連絡をお待ちしております。

株式会社○○　□□部　井上麻衣
〒000-0000　○○県○○市○○町1－1－1
電話：000-0000-0000
メール：○○○○@○○○○.co.jp

### お詫びのメール

取引先・お客様　上司・目上の人　同僚・知人

この度は大変申し訳ございませんでした。

（中略）

繰り返しになりますが、
この度ご迷惑をおかけしたことを謹んでお詫び申し上げます。

株式会社○○　□□部　林 大介
〒000-0000　○○県○○市○○町1－1－1
電話：000-0000-0000
メール：○○○○@○○○○.co.jp

用件を伝えたあと、改めてこちらから連絡する、相手から連絡がほしい、お詫び、お礼など、最後に重要なことを念押しで入れるとよいでしょう。最後の署名は所属や連絡先などを詳しく記載します。

POINT

「ご連絡ください」ではぶしつけな印象になるため、「ご連絡お待ちしております」「ご連絡いただけますようお願いいたします」などていねいに。

POINT

社名や名前はもちろん、部署名や電話番号、メールアドレスまでしっかり入れます。

POINT

最後も謝罪で締めたいもの。2度目以降の謝罪の言葉には「繰り返しになりますが」のひと言を添えてもいいでしょう。

プラスアルファ α

社外宛のメールを例に出しましたが、社内でも謝罪メールを出すことがあります。「深くお詫び申し上げます」程度の謝罪文で相手に敬意を払って締めるのがよいでしょう。

ここが大切！

結びのフレーズは、相手への親しみ、敬意、気遣い、お願いなどを表現するもの。メールの印象を左右するので、適切な使い分けが必要です。

## 1 基本の結び

取引先・お客様 | 上司・目上の人 | 同僚・知人

**よろしくお願いします。**

**よろしくお願いいたします。**

**引き続きよろしくお願いいたします。**

**ではまた、ご連絡いたします。**

**取り急ぎ、ご連絡まで。**

例 予定されている業務は以上です。よろしくお願いします。

例 開催日時の提案、ありがとうございました。引き続きよろしくお願いいたします。

「よろしくお願いいたします」は基本的なフレーズで、実際にもっともよく目にします。「よろしくお願いします」よりていねいさがあり、さまざまなシーンで使うことができます。

メールを返信する際などによく使われるのが、「引き続きよろしくお願いいたします」です。 メールのやり取りが今後も必要というニュアンスが含まれています。

**ここが大切！**

「よろしくお願いいたします」は万能フレーズですが、メールの内容によりほかの表現も使ってマンネリにならないようにしましょう。

取引先・お客様　上司・目上の人　同僚・知人

**よろしくお願い申し上げます。**

**何卒よろしくお願いいたします。**

**どうぞよろしくお願いいたします。**

**今後ともよろしくお願い申し上げます。**

**ご一読いただき、ありがとうございました。**

**お読みいただき、ありがとうございます。**

**メールにて失礼いたします。**

例 ご協力いただき、ありがとうございました。今後ともご指導を賜（たまわ）りますよう、よろしくお願い申し上げます。

例 本来なら直接お会いすべきところ、メールにて失礼いたします。

「よろしくお願いいたします」というフレーズは無難ですが、相手の地位や年齢などによっては、よりていねいで改まった表現がふさわしいときがあります。そのような場合は「申し上げます」「何卒」といった言葉を使うことで、フォーマルな結びの文にすることができます。「何卒」は相手に物事を強く依頼する場合に使います。

「メールにて失礼いたします」には、直接会って話すべきことをメールですませるという意味が込められています。重要な内容のメールやお礼のメール、面識のない人への初メールなどで使われるフレーズです。

## 2 確認のお願いの結び

取引先・お客様　上司・目上の人　同僚・知人

**ご確認くださいますよう、よろしくお願いいたします。**

**ご確認のほど、よろしくお願い申し上げます。**

例 会議の概要をお送りいたしますので、ご確認のほどよろしくお願い申し上げます。

相手に確認を依頼するメールで使用します。内容によっては相手に負担を強いることになるので、「お手数ですが」「お忙しいところ恐縮ですが」とつけ加えると、相手への配慮が感じられる言い回しになります。

取引先・お客様　上司・目上の人　同僚・知人

**ご査収のほど、よろしくお願いいたします。**

**お目通しいただきたく、お願い申し上げます。**

例 ご要望のデータを添付いたしますので、ご査収のほど、よろしくお願いいたします。

「査収」とは物品や書類などをよく調べて受け取ること。メールでデータを送付した際に、きちんと受け取ってもらいたいという意味合いになります。

## 3 検討・協力のお願いの結び

取引先・お客様　上司・目上の人　同僚・知人

**ご検討のほど、よろしくお願いいたします。**

**ぜひご協力をお願いいたします。**

例 次回のイベントの企画に、ぜひご協力をお願いいたします。

物事の依頼や検討をしてもらいたいときに使います。取引先などには「お願い申し上げます」など、ていねいな言い回しにしましょう。

取引先・お客様　上司・目上の人　同僚・知人

**お力添えのほど、よろしくお願い申し上げます。**

**ご検討いただけますと幸いです。**

**ご了承のほどお願い申し上げます。**

例 プロジェクトにお力添えのほど、よろしくお願い申し上げます。

例 お手数ですが、○○の件、ご検討いただけますと幸いです。

目上の人や取引先などに使いたい、改まった言い回しです。文頭に「お忙しいところ誠に恐縮ですが」とつけ加えると、相手の都合を気遣った印象になります。

## 4 指導・助言のお願いの結び

取引先・お客様　**上司・目上の人**　**同僚・知人**

**相談させてください。**

**○○さんの意見をお聞かせください。**

例 来週同行する出張に関して相談させてください。

教えを請いたいときや、意見を求めるときに使う言い回しです。「○○様のお知恵を拝借したいです」のように相手の名前を入れると、自分の問題として考えてもらいたいというニュアンスを込めることができます。

**取引先・お客様**　**上司・目上の人**　同僚・知人

**ご指導ご鞭撻のほど、よろしくお願い申し上げます。**

**ご教示願えませんでしょうか。**

**ご意見をお聞かせいただければ幸いです。**

例 本年も昨年同様、ご指導ご鞭撻のほど、よろしくお願い申し上げます。

鞭撻（べんたつ）には「鞭で打つ」「努力するように励ます」という意味があり、「ご指導ご鞭撻～」は目上の人に教えを請うという意味になります。「ご指導ご鞭撻を賜り（たまわり）ますよう、よろしく～」という言い回しもよく使われます。

## 5 ご愛顧のお願いの結び

**取引先・お客様** ｜ 上司・目上の人 ｜ 同僚・知人

**今後ともご愛顧を賜りますよう、お願い申し上げます。**

**今後ともお引き立てのほど、お願い申し上げます。**

**今後とも変わらぬご支援のほど、お願い申し上げます。**

**今後とも変わらぬご厚誼を賜りますよう、お願い申し上げます。**

**今後ともご高配を賜りますよう、お願い申し上げます。**

例 よりよい製品をご提供できるよう尽力してまいりますので、今後ともご愛顧を賜りますよう、お願い申し上げます。

例 この度、支店長に就任いたしました。今後ともお引き立てのほど、お願い申し上げます。

現在の取引が終わったり、会社の状況が変わったりしても、良好な関係を維持してほしいという願いを込めた言い回しです。カジュアルな言い方をすれば「今後もごひいきに」といった内容ですが、取引先やお客様を敬った言い方にする必要があります。「厚誼（こうぎ）」は親しいつき合いのこと。「高配」は相手の心配りを指す言葉です。

## 6 返事のお願いの結び

取引先・お客様　上司・目上の人　同僚・知人

**ご連絡をお待ちしております。**

**ご返信をお待ちしております。**

**お手数をおかけしますが、お返事いただけますと幸いです。**

**ご多忙中、恐れ入りますが、ご回答のほどよろしくお願い申し上げます。**

**ご確認のうえ、○日（○曜日）までにご返信をお願いいたします。**

例 アンケート集計の期日が迫っております。ご多忙中、恐れ入りますが、ご回答のほどよろしくお願い申し上げます。

例 お選びいただけるように候補日を挙げておりますので、ご確認のうえ、○日（○曜日）までにご返信をお願いいたします。

メールへの返事が確実にほしい場合に、念を押す意味を込めた結びの文です。すぐに返信をもらいたいときや、目上の人に返信を依頼する場合は、「お忙しい中、恐れ入りますが」といった１文をつけ加えて、負担をかける相手に失礼にならないよう配慮します。確実に返信をもらうために返信の期日を入れるのも一案ですが、期日が近い場合にはていねいな表現を忘れずに。

## 7 改めて連絡するときの結び

| 取引先・お客様 | 上司・目上の人 | 同僚・知人 |
|---|---|---|

**後ほどお電話いたします。**

**後ほど改めてご連絡申し上げます。**

**結果はこちらから追ってご連絡いたします。**

**まずはメールにて、ごあいさつ申し上げます。**

**取り急ぎご報告いたします。**

**取り急ぎお詫びを申し上げます。**

例 お願いしたい内容についてはメールでお伝えしにくい点もございますので、後ほどお電話いたします。

例 メールにて恐縮ではございますが、取り急ぎお詫びを申し上げます。

詳細などはまた連絡するという意味を込めたフレーズです。「まずはご報告まで」という簡潔な言い回しもありますが、ぶっきらぼうな印象を与えるので目上の人や取引先などへのメールには向きません。

しばしば使われる「ご連絡させていただきます」ですが、正しい日本語ではないという意見があります。「させていただく」を使う場合、「相手の許可を得ている」または「そのことで恩恵を受ける」という条件を満たしていることが必要です。連絡は相手の許可を得てすることではないため不適切という考え方です。厳密さを求めるならこのフレーズは避けましょう。

## 8 相手を気遣うときの結び

**取引先・お客様** | 上司・目上の人 | 同僚・知人

**貴社の一層のご発展をお祈りいたします。**

**ますますのご清栄をお祈りいたします。**

**ますますのご活躍を心よりお祈りいたします。**

**ご不明な点などございましたら、お気軽にお問い合わせください。**

**お目にかかれることを楽しみにしております。**

例 末筆ながら、貴社の一層のご発展をお祈りいたします。

例 以上が当日のスケジュールです。ご不明な点などございましたら、お気軽にお問い合わせください。

「清栄」は清く栄えることで、相手の健康・繁栄を願って使います。

「○○をお祈りいたします」というフレーズは、年始のあいさつなどの改まったメールでよく使われます。また、共同プロジェクトの終了でメールのやり取りがなくなる場合や、異動・転勤・退職のあいさつなどでも使われます。一方、日々メールのやり取りをして関係が継続中の相手に使うのは不自然といえます。

「お目にかかれることを楽しみに～」は、メールのやり取りのみで面識のない人や、会う機会を逃した人に、対面でのおつき合いをお願いしたいという気持ちが込められた言い回しです。

## 9 心遣いの結び

取引先・お客様　上司・目上の人　同僚・知人

**私どもでお役に立てることがございましたら、何なりとお申しつけください。**

**皆様にくれぐれもよろしくお伝えください。**

**お気に留められませんようお願い申し上げます。**

**ご放念ください。**

**長文失礼いたしました。**

例 ご苦労も多いと存じますが、私どもで何かお役に立てることがございましたら、何なりとお申しつけください。

例 打ち合わせのお時間をいただきたいのですが、もしもご無理であれば、ご放念ください。

相手への配慮を込めた言い回しです。「お気に留められませんよう〜」という言い方は、相手の謝罪などに対して、「気にしないでください」という意味で使います。

「放念」は「気にかけないこと」「心配しないこと」という意味で、目上の人に対して使います。目下の自分が「放念します」という使い方はできません。

「ご放念ください」と同様な意味合いの言葉に、「ご放心ください」「ご休心ください」があります。

## 10 返信が不要なときの結び

取引先・お客様　上司・目上の人　同僚・知人

**ご返信は不要です。**

**なお、返信はご無用です。**

**ご返信には及びません。**

**特に問題がなければ、ご返信は無用です。**

**ご返信いただかなくても結構です。**

**ご返信はどうぞお気遣いなく。**

例 お忙しいと存じますので、ご返信は不要です。

例 内容をご確認いただければ、ご返信には及びません。

相手に返信の手間をかけさせたくないという配慮から、返信の必要はないというメッセージでメールを終わらせることがあります。返信をもらう必要がないというだけでなく、相手への気遣いから使用するフレーズです。

あくまで相手のためのメッセージなのですが、返信する必要があると感じた相手がメールをためらったりすることもあります。やり取りの流れによっては、最後に自分のいいたいことだけをいって打ち切ろうとしているかのように思われる可能性もあるでしょう。また、メールが届いているか、しっかり読まれているかが気になる場合もあります。「返信不要」の言い回しを使っていい状況かどうかは、送信前によく考えましょう。

## 11 断るときの結び

取引先・お客様　上司・目上の人　同僚・知人

**またの機会がございましたら、どうぞよろしくお願いいたします。**

**ご期待に沿えず申し訳ございません。お詫び申し上げます。**

**ご期待に沿えず恐縮ですが、今後ともよろしくお願いいたします。**

**○○様の今後のご活躍を心よりお祈り申し上げます。**

例 今回はどうしても都合がつきませんでした。またの機会がございましたら、どうぞよろしくお願いいたします。

例 今回の採用は見送らせていただきました。○○様の今後のご活躍を心よりお祈り申し上げます。

断りのメールは気が重いものですが、断るという結論をはっきりと伝えることが大切です。とはいえ、「断ります」の1文で終わりにすると角が立つので、やわらかい表現で締めるようにしたいものです。

「恐縮ですが」「残念ですが」などのクッション言葉（➡P70、P316～319）を使ったり、相手を気遣う1文を入れたりすることで、相手との関係が悪くならないようにフォローします。

## 12 感謝を伝える結び

取引先・お客様 | 上司・目上の人 | 同僚・知人

**心より感謝申し上げます。**

**厚くお礼申し上げます。**

**重ねてお礼申し上げます。**

**謹んでお礼申し上げます。**

**誠にありがとうございました。**

**最後までお読みいただき、ありがとうございました。**

例 お集まりいただき、ありがとうございました。貴重なアドバイスも頂戴しまして重ねてお礼申し上げます。

例 長文、最後までお読みいただき、ありがとうございました。

本文だけでなく、締めのあいさつでも感謝の気持ちを伝えます。軽めのお礼の場合は、「まずはお礼まで」といった結びも使われます。

プラスα（アルファ）

「取り急ぎお礼まで」という言葉は、とりあえず簡単にお礼をしたという意味なのでていねいさに欠けます。目上の人などには使えません。

## 13 謝罪・お詫びの結び

取引先・お客様　上司・目上の人　同僚・知人

**誠に（大変）申し訳ございませんでした。**

**心よりお詫び申し上げます。**

**深くお詫び申し上げます。**

**謹んでお詫び申し上げます。**

**ご期待に沿えず、申し訳ございませんでした。**

**ご理解を賜りますようお願いいたします。**

**何卒ご容赦くださいますよう、お願い申し上げます。**

例 ご購入いただいた皆様に多大なご迷惑をおかけしましたことを、心よりお詫び申し上げます。

例 この度は、ご期待に沿えず、申し訳ございませんでした。

迷惑をかけた相手に礼儀を尽くすため、メールの前半できちんと謝罪し、最後も謝罪の言葉で締めます。

「ご理解を賜り（たまわ）ますよう～」は、こちらにやむを得ない事情があったことを知ってほしい場合や、謝罪を受け入れてほしいという気持ちを強調したい場合などに使う言い回しです。

## 14 年始の結び

取引先・お客様 | 上司・目上の人 | 同僚・知人

**本年もよろしくお願いいたします**

**本年も変わらぬご指導ご鞭撻のほど**
**よろしくお願い申し上げます**

**本年もご高配を賜りますよう**
**よろしくお願い申し上げます**

**本年も倍旧のご厚情を賜りますよう**
**よろしくお願い申し上げます**

**今年がよい年になりますようお祈りいたします**

例 旧年中は大変お世話になりました　本年も変わらぬご指導ご鞭撻（べんたつ）のほど　よろしくお願い申し上げます

例 昨年はお世話になりました
今年がよい年になりますようお祈りいたします

昨年のお礼に続けて、「本年もよろしくお願いいたします」という文で締めます。「倍旧」は前よりもいっそう程度が増すこと。「今年がよい年に〜」はそれほど改まった表現ではないので、同僚や知人向けです。「去年」の「去」の字は離別や死別を連想させる忌（い）み言葉なので、「昨年」「旧年」を使いましょう。なお、句読点はつけないようにします（➡P186）。

## 15 年末の結び

取引先・お客様　上司・目上の人　同僚・知人

**来年もどうぞよろしくお願いいたします。**

**本年も大変お世話になりました。どうぞよい新年をお迎えください。**

**年末でお忙しい時期かと存じますが、お体に気をつけてお過ごしください。**

**年の瀬も押し迫ってまいりました。どうぞよいお年をお迎えください。**

**メールにて恐縮ですが、年末のごあいさつとさせていただきます。**

例 本年も大変お世話になりました。年末でお忙しい時期かと存じますが、お体に気をつけてお過ごしください。

例 来年もご指導ご鞭撻のほどよろしくお願い申し上げます。メールにて恐縮ですが、年末のごあいさつとさせていただきます。

今年お世話になった感謝の気持ちを相手に伝えたあとに、来年もよいおつき合いをしたいという言葉や、相手の体調を気遣う言葉で締めくくります。

冬の寒さや年末特有の忙しさなどに触れることで、師走の季節感が感じられるメールとなります。

## 16 春の結び

取引先・お客様 | 上司・目上の人 | 同僚・知人

**花冷えの季節、ご無理なさいませんようお気をつけください。**

**新年度で何かとお忙しいことと存じますが、ご自愛ください。**

**新年度を迎え、貴社のますますのご発展をお祈りしております。**

**新天地でのさらなるご活躍を心よりお祈り申し上げます。**

**風薫る5月、ますますのご健勝をお祈り申し上げます。**

例 寒暖定まらぬ時期、新年度で何かとお忙しいことと存じますが、ご自愛ください。

例 春爛漫の候、新天地でのさらなるご活躍を心よりお祈り申し上げます。

過ごしやすい気候の春ですが、初めは寒の戻りがあったりするので、実際の気候に応じたあいさつを。「新年度」「新天地」など、仕事の変化や人事異動などに関わるキーワードも、春ならではのものです。5月は「初夏」「向暑」など、夏に向かっていることを表す言葉もよく使われます。

## 17 夏の結び

取引先・お客様 | 上司・目上の人 | 同僚・知人

**梅雨空の続く毎日ですが、お体に気をつけてお過ごしくださいませ。**

**季節の変わり目ですが、お健やかにお過ごしください。**

**猛暑が続く日々ではございますが、くれぐれもご自愛ください。**

**残暑厳しい折、くれぐれも体調を崩されませんようご自愛ください。**

**晩夏の候、皆様のご健勝を心よりお祈り申し上げます。**

例 6月も半ばを過ぎ、梅雨空の続く毎日ですが、お体に気をつけてお過ごしくださいませ。

例 立秋とは名ばかりで猛暑が続く日々ではございますが、くれぐれもご自愛ください。

梅雨の6月、夏本番の7月、残暑というには厳しい暑さが続く8月。その年の天候や相手の住んでいる場所の気候に合わせた言い回しを選び、相手の体調などを気遣う1文で締めます。

## 18 秋の結び

取引先・お客様 | 上司・目上の人 | 同僚・知人

**厳しい残暑が続いておりますが、くれぐれもお体には気をつけください。**

**夏の疲れが出やすい時期です。体調など崩されませんようお気をつけください。**

**季節の変わり目につきお忙しいことと存じますが、どうぞご自愛くださいませ。**

**秋雨の折、くれぐれもご自愛のほどお祈り申し上げます。**

**紅葉があざやかな季節、どうぞお健やかにお過ごしください。**

例 9月とはいえ厳しい残暑が続いておりますが、くれぐれもお体には気をつけください。

例 朝夕はめっきり涼しくなりました。季節の変わり目につきお忙しいことと存じますが、どうぞご自愛くださいませ。

暦の上では秋が始まる9月ですが、暑さが残っている時期なら「残暑」、よく雨が降る地域であれば「秋雨」「秋の長雨」という言葉を使ってもよいでしょう。残暑や雨は体調を崩す原因となるので、相手の健康を願うフレーズで結びましょう。

## 19 冬の結び

取引先・お客様　上司・目上の人　同僚・知人

日毎に寒さが増す折、風邪などひかれませんようにお過ごしください。

何かと気忙しい日々、健康には十分にご留意ください。

降雪の候、皆様のご健康とご多幸を心よりお祈り申し上げます。

まだ寒い日が続きますが、お風邪など召されませんようご自愛ください。

春寒の候、体調にはお気をつけてお過ごしください。

例 厳しい寒さが続きます。何かと気忙しい日々、健康には十分にご留意ください。

例 梅の便りが聞かれるようになりました。まだ寒い日が続きますが、お風邪など召されませんようご自愛ください。

冬に向かう時期、厳しい寒さが続く時期、それぞれの時期に合った言葉で季節感を表現しましょう。まだ寒いですが、暦の上では２月初旬に立春を迎えるので、春を待つという表現もできます。

## 20 健康を気遣うときの結び

| 取引先・お客様 | 上司・目上の人 | 同僚・知人 |
| --- | --- | --- |

ご自愛ください。

お体をお大事にしてください。

お体をお労りください。

皆様のご健勝を心よりお祈り申し上げます。

時節柄、何卒お体に気をつけてください。

風邪など召されませぬようご自愛ください。

風邪などひかれませんようご自愛ください。

例 新年度を控えお忙しい時期とは存じますが、ご自愛ください。

例 時節柄、日に日に暑くなってまいりますので、何卒お体に気をつけてください。

健康を気遣うフレーズは、相手との関係性はもちろん、相手の健康状態によっても言葉を選びます。たとえば「ご健勝」は現在健康な人に対する言葉。病気療養中の人に送らないよう注意しましょう。同様に「ご自愛ください」にも「これからもお元気で」という意味を含むので、健康を崩している人には送らないようにします。

なお、「ご自愛」とは自分を大切にすること。その中には体も心も含まれるので、「お体をご自愛ください」は、体が重なることになり間違いです。

## 21 幸せを願うときの結び

取引先・お客様 | 上司・目上の人 | 同僚・知人

**実り多い日々（もの）になりますように。**

**たくさんの幸せが舞い込みますように。**

**穏やかな日々を過ごせますように。**

**皆様のご多幸を心よりお祈り申し上げます。**

例 ご入学おめでとうございます。新たな門出が実り多いものになりますように。

例 スタッフの皆様のご多幸と、株式会社○○のますますのご発展を心よりお祈り申し上げます。

「ご多幸」という言葉は、たくさんの幸せという意味なので、相手が複数であっても使えます。メールの内容が相手の企業や組織に向けた内容である場合は、「皆様のご多幸を心よりお祈り申し上げます」というように、皆様をつけて使うとよいでしょう。

プラスα（アルファ）

「実り多い日々（もの）」というフレーズは企業向けのビジネスメールというより、異動、退職、年末年始のあいさつなど、個人的な要件に書き添える言葉。特に「実り多い１年でありますように」は年末年始のあいさつに使える定型文として覚えておくと便利です。

# お礼・感謝

## お礼 のメールサンプルとポイント

### 商品注文のお礼メール

取引先・お客様　上司・目上の人　同僚・知人

件名：「○○○○」ご注文のお礼

○○株式会社
販売部　○○様

平素より大変お世話になっております。
株式会社○○商事 営業部の○○です。

この度は弊社商品「□□」をご注文いただきまして、
誠にありがとうございます。

「□□」は弊社がこの春に発売した商品で、
大変ご好評をいただいております。
数ある中から当社の商品をお選びいただきまして
心より感謝申し上げます。

ご注文の品は、ご指定の期日までにお届けいたします。
ご不明な点などございましたら、営業部○○まで、
お問い合わせください。

何卒末長くお引き立てくださいますよう、
お願い申し上げます。

---

株式会社○○商事　営業部　○○○○
〒000-0000　○○県○○市○○ 1－21－3
TEL：000-000-0000　FAX：000-000-0000
Email：○○○○@○○○○.co.jp
URL：http://○○○○.co.jp/

---

あいさつ文のあと、すぐにお礼を述べ、最後には次につながる「今後ともよろしくお願いいたします」などを入れます。また「○○様のおかげで」など相手の個人名を入れるのも心がこもっている印象を与えます。

POINT

出だしでお礼の目的を明確にします。率直に感謝する気持ちを伝えましょう。

POINT

お礼の言葉が続くときは、別の表現に言い換える（➡P220）と感謝の気持ちがより伝わります。

POINT

アフターケアなどについても、気軽に連絡してもらえるようなひと言を添えると好印象に。

POINT

結びでもていねいにあいさつし、次につながる関係を希望するフレーズを入れましょう。

**ここが大切！**

お礼メールは相手に送信するタイミングが重要。感謝の気持ちを伝えるには、当日、遅くとも翌日中にメールを送信するようにしたいものです。

## 1 感謝のフレーズ

取引先・お客様　上司・目上の人　同僚・知人

**ありがとうございます。**

**ありがとうございました。**

例 先日は貴重なお時間をいただき、ありがとうございました。

「ありがとうございました」は過去の出来事に対するお礼の言葉です。「これまで大変ありがとうございました」のように、物事が終了するときにも使います。

取引先・お客様　上司・目上の人　同僚・知人

**誠にありがとうございます。**

**厚くお礼申し上げます。**

**重ねてお礼申し上げます。**

例 平素より格別のご愛顧を賜（たまわ）り、ありがとうございます。おかげさまで開店20周年を迎えることができました。重ねてお礼申し上げます。

「言う」の謙譲語の「申し上げる」を組み合わせて、さらにていねいに伝えることも。頭に「厚く」など強調する言葉をつけることが多い表現です。

取引先・お客様 | 上司・目上の人 | 同僚・知人

**感謝しております。**

**感謝の気持ちでいっぱいです。**

**感謝申し上げる次第です。**

**心より感謝申し上げます。**

**深謝いたします。**

例 セミナーではいろいろとお手伝いいただき、感謝の気持ちでいっぱいです。

例 新たな店舗で営業を再開する運びとなりました。これもお客様のご支援の賜物と深く感謝申し上げる次第です。

例 日頃より弊社のサービスをご愛顧賜り、心より感謝申し上げます。

例 長年にわたってひとかたならぬご支援を賜りまして、深謝いたします。

「感謝します」に謙譲語（「おる」「申し上げる」）などを組み合わせると、目上の人などへのメールでも違和感のない、ていねいな言い回しにすることができます。いずれのフレーズも、感謝の理由を説明したあとに使うと自然です。

「深謝（しんしゃ）」は、「深い感謝」と「深い謝罪」の２つの意味をもつ言葉です。前の文の説明で、感謝なのか謝罪なのかがわかります。

取引先・お客様 | 上司・目上の人 | 同僚・知人

**大変うれしく思っております。**

**大変感激しています。**

相手がしてくれたことに対する喜びを表すフレーズです。「大変感激しています」は、文末を「おります」にすると、ていねいな表現になります。

取引先・お客様 | 上司・目上の人 | 同僚・知人

**お礼の申し上げようもございません。**

**○○のお礼をと思い、ご連絡いたしました。**

「お礼の申し上げようもございません」は、言葉で表せないほど感謝していることを表すフレーズです。

取引先・お客様 | 上司・目上の人 | 同僚・知人

**格別のお引き立てをいただき、ありがとうございます。**

「引き立て」はひいきにすること。メールの冒頭で「平素は格別のお引き立てをいただき、ありがとうございます」という形で使われるあいさつ文です。

取引先・お客様 上司・目上の人 同僚・知人

**〜いただきまして、恐れ入ります。**

**〜いただき、恐縮です。**

相手がしてくれたことの説明に続けて使う「恐れ入ります」「恐縮です」は、ありがたいと思うこと。目上の人に使います。

取引先・お客様 上司・目上の人 同僚・知人

**痛み入ります。**

例 所長の温かい励まし、誠に痛み入ります。

「痛み入る」は、相手の配慮や好意などに対して、ありがたいと思う、恐縮するという意味。「痛み入ります」は目上の人への感謝を表すときに使います。

取引先・お客様 上司・目上の人 同僚・知人

**お気持ちが心に染みました。**

例 絶望的な状況の中で、○○様のお気持ちが心に染みました。

自分に対する相手の気遣いや配慮が、心に深く入り込み、しみじみと感じられたという意味です。

## 2 お祝い・お見舞いに感謝するフレーズ

取引先・お客様 | 上司・目上の人 | 同僚・知人

**お心遣いをいただき、誠にありがとうございました。**

**お祝いに素敵な品をお贈りいただき、ありがとうございました。**

例 私どもの結婚に際しましてお心遣いをいただき、誠にありがとうございました。

例 入学祝いに素敵な品をお贈りいただき、ありがとうございました。

お祝いを現金でいただいた場合、お礼状ではお金という言葉は避け、「お祝い」や「お心遣い」という言葉に置き換えます。

取引先・お客様 | 上司・目上の人 | 同僚・知人

**お見舞いの品までいただき、感謝いたしております。**

例 温かい励ましのお手紙のほか、お見舞いの品までいただき、感謝いたしております。

病気お見舞いに対するお礼状は、励ましの言葉やお見舞い品に対する感謝に始まり、病状報告、仕事などで迷惑をかけたことへのお詫びといった内容になります。

## 3 厚意に感謝するフレーズ

取引先・お客様　上司・目上の人　同僚・知人

お世話になりました。

お気遣いありがとうございます。

ご配慮ありがとうございます。

その節はありがとうございました。

ご面倒をおかけしました。

お手数をおかけしました。

いつもお心にかけていただき、誠にありがとうございます。

例 その節は、ありがとうございました。次回もよろしくお願いいたします。

例 ○○様にはいつもお心にかけていただき、誠にありがとうございます。

「その節は〜」は、過去の相手の行為に対して感謝をするという意味で使われます。「お手数をおかけしました」の「手数」とは、相手にかける手間のこと。「いつもお心にかけていただき〜」は、顧客や取引先など、気遣いを示してくれる目上の人に対して感謝するフレーズです。

## 4 協力に感謝するフレーズ

| 取引先・お客様 | 上司・目上の人 | 同僚・知人 |
| --- | --- | --- |

おかげさまで〜

おかげをもちまして〜

ありがたいことに〜

お言葉に甘えて〜

ご厚意に甘えて〜

ご親切に甘えて〜

例 おかげさまで、わが社も創業50周年を迎えることができました。

例 ありがたいことに、新商品の売れ行きは好調です。

例 お言葉に甘えて、本日は早く帰らせていただきます。

「おかげさまで」は、特定の個人のほか、不特定多数の人への感謝を伝える際にも使われます。類語に「おかげをもちまして」があります。「ありがたいことに」も似た意味ですが、幸運な状況に感謝するという意味合いが強い言葉です。

「お言葉に甘えて」は敬語表現ですが、体調を気遣う部下から早く帰るようにいわれた上司が、「じゃあ、お言葉に甘えてもう帰らせてもらうよ」と返すようなカジュアルな使い方もされています。類語に「ご厚意に甘えて」「ご親切に甘えて」などがあります。

取引先・お客様　上司・目上の人　同僚・知人

**○○様のお力添えのおかげで〜**

**ご協力のもと〜**

**お骨折りいただきまして〜**

**ご尽力いただき〜**

**ご助力いただき〜**

**ご支援を賜り〜**

**お取り計らいに〜**

例 皆様のお力添えのおかげで、無事、工事が完了いたしました。

例 この度はご尽力いただき、ありがとうございました。

例 度重なるご支援を賜（たまわ）り、誠にありがとうございます。心よりお礼申し上げます。

例 部長のお取り計らいに感謝いたします。

手助けや協力を意味する「力添え」。「お力添えいただいたおかげ」とすると、よりていねいな言い回しになります。類語の「尽力」は、目的の実現のために力を尽くすこと。目上の人に「ご尽力お願いいたします」という使い方は「努力してください」という意味になるので、不適切です。

「取り計らい」はあれこれと便宜を図ることです。敬語表現の「お取り計らい」は感謝の言葉を続けて使います。

## 5 指導・教育に感謝するフレーズ

取引先・お客様　上司・目上の人　同僚・知人

**お導きいただき〜**

**ご指導いただき〜**

**ご教示いただき〜**

**ご教授いただき〜**

例 不慣れな私をお導きいただき、本当にありがとうございました。

例 システムの細部についてご教示いただき、ありがとうございます。

例 最新の制御理論についてご教授いただき、感謝しております。

「教示」は知識や方法などを教え示すこと。「教授」も似た意味ですが、学問や、より専門的な知識・技術について、時間をかけて教えるというニュアンスがあります。

なお、人を導き励ますという意味の「ご指導ご鞭撻（べんたつ）」という言葉がありますが、今後もそのようにしてほしいという意味が込められているので、「ご指導ご鞭撻ありがとうございました」という言い方はしません。

**プラスα（アルファ）**

「指導」と似た意味で「指南」という言葉があります。こちらは武術や芸事を教えてもらうときに使います。

## 6 称賛に感謝するフレーズ

取引先・お客様 | 上司・目上の人 | 同僚・知人

**うれしく存じます。**

**光栄です。**

**お眼鏡にかない、光栄です。**

**もったいないお言葉をいただき〜**

**身に余るお言葉をいただき〜**

**過分なお言葉を頂戴し〜**

**恐れ入ります。**

例 この度、プロジェクトリーダーに抜擢していただきました。社長のお眼鏡にかない、光栄です。

例 もったいないお言葉をいただき、ありがとうございます。

例 そのようなおほめの言葉をいただき、恐れ入ります。

「光栄」は、目上の人にほめられたり、重要な役目を任されたりして名誉に思うこと。会えることを名誉に感じる人へのあいさつとして「お会いできて光栄です」という使い方もします。「お眼鏡にかなう」は、目上の人に気に入られたり、実力を認められたりすることを意味します。

「もったいないお言葉」「身に余るお言葉」「過分なお言葉」は、ほめられた言葉が自分には不相応だと謙遜する言い回しです。「恐れ入ります」は、ほめられて恐縮しているという謙遜の表現に使えます。

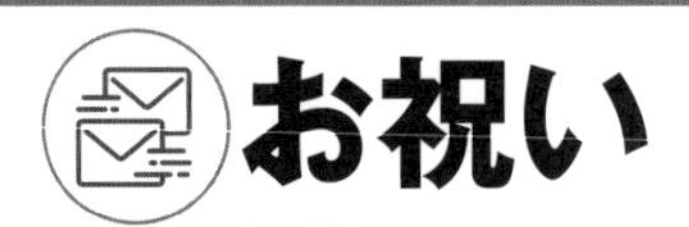

# お祝い

## お祝い のメールサンプルとポイント

### 開店祝いのメール

取引先・お客様　上司・目上の人　同僚・知人

件名：○○店開店のお祝い

○○株式会社
店舗開発事業部　○○様

いつもお世話になっております。
株式会社○○の○○です。

この度は、○○店を無事ご開店とのこと、
心よりお祝い申し上げます。

○○様の念願が叶いましたこと、
まるで自分のことのようにうれしく感じております。

本来でしたら、
直接お祝いを申し上げたいところですが、
メールでのごあいさつとなり、誠に申し訳ございません。

開店されたばかりでお忙しいとは存じますが、
どうぞご自愛ください。

株式会社○○　営業部　○○○○
〒000-0000　○○県○○市○○１－21－３
TEL：000-000-0000　FAX：000-000-0000
Email：○○○○@○○○○.co.jp
URL：http://○○○○.co.jp/

心から祝福したいという感情が込められたメッセージは相手に喜ばれますが、目上の人や取引先の人などへのメールは、カジュアルすぎると失礼にあたります。忌(い)み言葉もうっかり入れてしまわないよう注意が必要です。

POINT

読む人にわかりやすいように、最初のほうで名乗ります。久しぶりのメールの場合は特に重要です。

POINT

お祝いの言葉が重なる場合は、別の表現に。「自分のことのように」は、強い感情が伝わる言い回しです。

POINT

直接会ってお祝いをいうべきところ、メールでのお祝いになったことを詫びる文を入れます。

POINT

縁起のよい言葉や、相手を気遣う言葉で締めくくるようにします。特に忙しい相手に送るメールは、簡潔なものに。

**ここが大切！**

お祝いのメールには、「倒れる」「燃える」「枯れる」「閉じる」「流れる」などの忌み言葉を使わないよう注意しましょう。

## 1 お祝いを伝えるフレーズ

取引先・お客様　上司・目上の人　同僚・知人

**おめでとうございます。**

**誠におめでとうございます。**

例 ご結婚、おめでとうございます。

例 ご栄転、誠におめでとうございます。

「おめでとうございます」は、お祝いの基本フレーズ。どのようなお祝いごとにも使うことができます。目上の人にも使えますが、「誠に」をつけるとよりていねいな表現になります。

取引先・お客様　上司・目上の人　同僚・知人

**心よりお祝い申し上げます。**

**心からお喜び申し上げます。**

例 この度のご開業、心よりお祝い申し上げます。

例 イベントの成功を心からお喜び申し上げます。

謙譲語（「申し上げる」）が入った、目上の人や取引先の人などへのお祝いメッセージにふさわしい、改まった表現です。常用漢字ではありませんが、「よろこび」の漢字には「慶び」もあり、よりフォーマルな印象になります。

取引先・お客様　上司・目上の人　同僚・知人

**心からご祝辞を申し上げます。**

**謹んでお慶び申し上げます。**

例 この度のご受賞、誠におめでとうございます。心からご祝辞を申し上げます。

例 めでたく華燭（かしょく）の典（てん）をお挙げになりますとのこと、謹んでお慶び申し上げます。

「心からご祝辞〜」は「心からお祝いの言葉をいう」という意味の敬語表現となります。目上の人に使うフォーマルな言い方です。「謹（つつし）んで」は、「かしこまって」という意味。「謹んで新年のお慶びを申し上げます」は年賀状でよく使われるフレーズです。

取引先・お客様　上司・目上の人　同僚・知人

**慶賀に堪えません。**

**慶賀の至りに存じます。**

例 めでたく還暦をお迎えの由（よし）、慶賀の至りに存じます。

「慶賀（けいが）」は「喜び祝う」ということ。「慶賀に堪えない」は喜びの感情をおさえられないという意味になります。「慶賀の至り」は「このうえなく喜ばしい」という意味です。

取引先・お客様　上司・目上の人　同僚・知人

**自分のことのようにうれしく思っております。**

例 長年のご苦労が実を結ばれたと伺い、自分のことのようにうれしく思っております。

相手の慶事を心から祝福したいというニュアンスが伝わる表現です。フォーマルな言い方ではないので、取引先の人などにはふさわしくない場合も。

取引先・お客様　上司・目上の人　同僚・知人

**皆様もさぞお喜びのことと存じます。**

例 新社屋が完成し、社員の皆様もさぞお喜びのことと存じます。

周囲の人も喜んでいるという表現で、めでたさを強調。大勢の人が対象のお祝いごとにも使う表現です。

取引先・お客様　上司・目上の人　同僚・知人

**ご同慶の至りに存じます。**

例 創立100周年を迎えられ、ご同慶の至りに存じます。

「同慶（どうけい）」は相手の慶事が自分にも喜ばしく、ともに喜ぶ気持ちを表す語。

取引先・お客様 | 上司・目上の人 | 同僚・知人

**祝着に存じます。**

**祝着至極に存じます。**

例 無事帰国され、祝着に存じます。

例 前向きなご返答をいただき、祝着至極に存じます。

「祝着（しゅうちゃく）」の意味は、喜び祝うこと、うれしく思うこと、満足に思うこと。「祝着至極（しごく）」は「うれしいことこのうえない」という意味です。

取引先・お客様 | 上司・目上の人 | 同僚・知人

**めでたく〜された由〜**

**この度は〜されたとのこと〜**

例 めでたく華燭（かしょく）の典（てん）を挙げられた由、心よりお祝い申し上げます。

例 この度は部長にご昇進されたとのこと、誠におめでとうございます。

「由（よし）」は「理由、わけ」や「伝え聞いた事情」という意味をもつ言葉。めでたいことや健康を祝うあいさつで使います。
「この度は〜されたとのこと」も同様の使い方をする言い回しで、理由のあとに、お祝いの言葉を続ける形になります。

# お見舞い

## お見舞いのメールサンプルとポイント

### 入院のお見舞いメール

取引先・お客様　上司・目上の人　同僚・知人

件名：謹んでお見舞い申し上げます

株式会社○○
営業部　○○様

お世話になっております。
株式会社○○の○○です。

ご入院されたとの一報をいただき、大変驚いております。

その後の体調はいかがでしょうか。

お仕事で気がかりな点もおありかと存じますが、
お留守の間、□□の件につきましては、
私どももできる限り協力させていただきます。
まずは療養に専念され、十分にご静養なさってください。

メールへの返信はお気になさらないでください。

１日も早く全快なされますようお祈り申し上げます。

---

株式会社○○　営業部　○○○○
〒000-0000　○○県○○市○○１－21－３
TEL：000-000-0000　FAX：000-000-0000
Email：○○○○@○○○○.co.jp
URL：http://○○○○.co.jp/

---

苦しんでいる相手への配慮がとにかく大切。暗くならない言い回しで、読みやすい簡潔な文にします。仕事などの心配事に触れるかどうかは、相手の立場や状況を考えて判断しましょう。

POINT

「突然のことに驚いた」というニュアンスが込められています。お見舞いメールは「緊急事態なので取り急ぎ送信」という性質のものです。ていねいなあいさつは省略します。

POINT

入院という事態に驚いたという気持ちを伝えたあとで、まずは相手の体調を気遣う文を続けます。

POINT

今は仕事のことをいったん忘れて体調回復に努めてほしいという文。仕事のことを書かないですむのであれば、そのほうが相手の負担を減らすことになるので、より好ましいでしょう。

POINT

体調の悪い人がメールをチェックしたり、返信したりするのは大変。返信は無用だと伝えることは、相手への思いやりです。

**ここが大切！**

体調の悪い人が読む際に負担にならないよう、簡潔な文に。病状を聞くなど、相手の様子を詮索してはいけません。

## 1 病気のお見舞いフレーズ

取引先・お客様 | 上司・目上の人 | 同僚・知人

**驚いております。**

**大変驚きました。**

例 ○○様がお怪我で入院されたとの一報をいただき、大変驚いております。

お見舞いメールの書き出しでよく使われる表現。お見舞いメールは非常時に送るものなので、細かいあいさつは抜きで、いきなり本題に入ります。

取引先・お客様 | 上司・目上の人 | 同僚・知人

**体調はいかがでしょうか。**

**お体の具合はいかがでしょうか。**

**お怪我の具合はいかがでしょうか。**

例 入院されたと伺い、驚いております。その後の体調はいかがでしょうか。

「入院など思わぬ事態に驚いている」との書き出しのあとに、相手の体調を気遣う文を続けます。書き出しのフレーズとしても使えます。

| 取引先・お客様 | 上司・目上の人 | 同僚・知人 |
| --- | --- | --- |

**療養に専念なさってください。**

**十分にご静養なさってください。**

**しっかりお体を休めてください。**

例 課長がお留守の間、一同、力を合わせて業務に当たりますので、療養に専念なさってください。

業務に関する話題はプレッシャーになりがちなので避けます。業務のことを気にしてしまうと思われる相手には、安心させる１文を添えましょう。

| 取引先・お客様 | 上司・目上の人 | 同僚・知人 |
| --- | --- | --- |

**心よりお見舞いを申し上げます。**

**１日も早く全快されますよう、お祈り申し上げます。**

**回復を心よりお祈り申し上げます。**

例 ○○様のご全快を祈念し、心よりお見舞い申し上げます。

お見舞いメールの結びによく使われる言い回し。なお、「見舞い」は病人や災難に遭った人を訪れて慰めたり、手紙などで安否を尋ねたりすること。

## 2 体調を気遣うフレーズ

| 取引先・お客様 | 上司・目上の人 | 同僚・知人 |
|---|---|---|

おかげんはいかがでしょうか。

どうぞお大事になさってください。

くれぐれもお大事になさってください。

養生なさってください。

お労りください。

例 入院されたと聞き、とても驚いております。その後おかげんはいかがでしょうか。

例 お仕事のこともご心配かと思いますが、しばらくは無理なさらず、養生なさってください。

例 寒さも厳しくなってくる頃ですので、お体をお労りくださいませ。

「おかげん（お加減）」は、相手の健康状態の敬語表現。病中・病後の人などに体調を尋ねる「おかげんはいかが～」は、健康な相手には使いません。

「養生（ようじょう）」は病気の回復に努める、生活に留意して健康の増進をはかるという意味です。

「労る（いたわる）」は思いやりの気持ちで接する、養生するといった意味で、「お労りください」には自分の体を大切に養生してほしいという気持ちが込められています。

| 取引先・お客様 | 上司・目上の人 | 同僚・知人 |
|---|---|---|

**1日も早いご回復を心からお祈り申し上げます。**

**ご静養のほどお祈りしております。**

**元気なお顔を拝見できますよう、お祈りいたします。**

**元気なお姿を拝見するのを楽しみにしております。**

例 十分に療養なさってください。1日も早いご回復を心からお祈り申し上げます。

例 お体のご回復を第一にお考えください。ご静養のほどお祈りしております。

例 1日も早く元気なお顔を拝見できますよう、心よりお祈りいたします。

例 お体の具合はその後いかがでしょうか。元気なお姿を拝見するのを楽しみにしております。

「静養」は、病気や疲労の回復のために、心身をゆったりと休めること。「ご静養のほどお祈り～」のフレーズは、仕事のことなども忘れリラックスして休んでほしいというニュアンスを感じさせます。

「元気なお顔を拝見～」「元気なお姿を拝見～」は、元気になった相手に会いたいという言い回し。「1日も早く」などをつけ加えることで、より強いメッセージになります。

## 3 災害などのお見舞いフレーズ

取引先・お客様 | 上司・目上の人 | 同僚・知人

**大変心配しております。**

**突然のことに言葉もございません。**

**～はいかがかと、ご案じ申し上げております。**

**○○様、ご家族様ともにお変わりありませんでしょうか。**

例 ご帰省先が記録的な大雨との報道に接し、大変心配しております。

例 台風の被害に遭われたとのこと、突然のことに言葉もございません。

例 その後、台風の被害状況はいかがかと、ご案じ申し上げております。

例 ○○様、ご家族様ともにお変わりありませんでしょうか。ニュースで地震のことを知り、ご様子が気がかりです。落ち着きましたら、ご一報くださいますようお願いいたします。

災害や事故に遭った人の安否を気遣う書き出し。「状況が落ち着いてからでかまわないので連絡がほしい」といった内容の文を続け、無事を祈るという１文で締めるようにします。

緊急時のメールなので、読む相手に負担がかからないよう簡潔にまとめ、返信なども急かさないように配慮しましょう。

取引先・お客様 | 上司・目上の人 | 同僚・知人

**さぞやご心痛のこととお察しいたします。**

**お疲れもさぞかしのことと拝察します。**

例 多くの方が被災されたとのこと、さぞやご心痛のこととお察しいたします。

例 復旧作業も長引いているとのこと、お疲れもさぞかしのことと拝察します。

災害などの状況が判明したあとに、相手を気遣って送るフレーズ。

取引先・お客様 | 上司・目上の人 | 同僚・知人

**心からお見舞い申し上げます。**

**思いもかけぬご災難、お見舞い申し上げます。**

**地域の皆様のご無事を心からお祈り申し上げます。**

例 この度は思いもかけぬご災難、お見舞い申し上げます。

例 被災された地域の皆様のご無事を心からお祈り申し上げます。

お見舞いメールの結びは、災害などに遭遇した相手や周囲の人を思いやるフレーズで。過去の災害などと比較して「今回はまだよいほう」「あれに比べれば大丈夫」などという励ましは逆効果、マナー違反です。

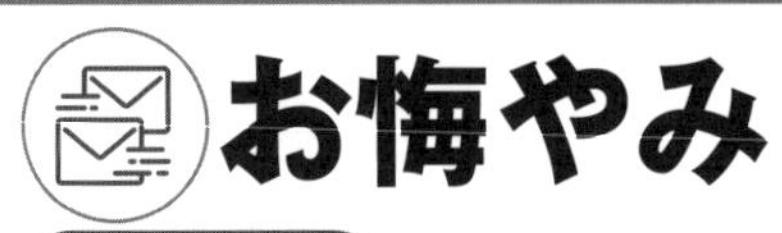

# お悔やみ

## お悔やみのメールサンプルとポイント

### 取引先へのお悔やみメール

取引先・お客様　上司・目上の人　同僚・知人

件名：お悔やみ申し上げます　〇〇より

〇〇株式会社
販売部　〇〇様

お身内にご不幸がおありだったと伺い、
大変驚いております。
心よりお悔やみ申し上げます。

□□の件は、落ち着かれてからで結構です。
今はゆっくり大切な方々とお過ごしください。

また、返信のお気遣いは不要でございます。

略儀ではございますが、
メールでのお悔やみとさせていただきました。
失礼をお許しください。

---
株式会社〇〇　営業部　〇〇〇〇
〒000-0000　〇〇県〇〇市〇〇１－21－３
TEL：000-000-0000　FAX：000-000-0000
Email：〇〇〇〇@〇〇〇〇.co.jp
URL：http://〇〇〇〇.co.jp/
---

お悔やみの言葉はさまざまありますが、宗教や故人との関係性などあまり関係なく、使いやすい言葉は「お悔やみ申し上げます」。短く簡素なメールとし、最後に相手を気遣って返信不要であることを添えましょう。

POINT

件名はごくシンプルに。相手に同じ件名のメールが複数届くことを想定して自分の名前も件名に入れます。

POINT

「お悔やみ申し上げます」という一般的な定型文を使います。間柄や宗教を問わずに使えるフレーズです。

POINT

返信は不要という気遣いのひと言を入れましょう。

POINT

メールでは失礼という風潮も薄れつつありますが、お詫びのひと言があってもよいでしょう。

プラスα（アルファ）

故人を知らない場合はシンプルな定型文でいいですが、知っている場合は、エピソードを入れてもう少し温かみのある文面にしてもよいでしょう。

## 1 お悔やみを伝えるフレーズ

取引先・お客様 | 上司・目上の人 | 同僚・知人

**お悔やみ申し上げます。**

**心よりお悔やみ申し上げます。**

**謹んでお悔やみ申し上げます。**

例 お身内にご不幸があったと伺い、大変驚いております。心からお悔やみ申し上げます。

例 ○○様のご逝去を知り、心よりお悔やみ申し上げます。どうか気を落とさず、お体に気をつけてください。

例 ご母堂様のご逝去に際し、謹んでお悔やみ申し上げます。

「お悔やみ」とは人の死を弔（とむら）うこと。「お悔やみ申し上げます」は身内を亡くした人へ送るフレーズとしてもっとも一般的。

なお、亡くなった方が相手の母親の場合は「ご母堂（ぼどう）様」、父親の場合は「ご尊父（そんぷ）様」という敬称にします。親しい間柄であれば、お父様、お母様、お父上、お母上などでもかまいません。

プラスα（アルファ）

「ご愁傷様です」もよく耳にするフレーズですが、口頭で使うにとどめておいたほうがよいでしょう。口頭で伝える場合も、取引先やお客様に対しては、よりていねいに「この度はご愁傷様でございます」とします。

取引先・お客様 | 上司・目上の人 | 同僚・知人

**略儀ながらメールにてお悔やみを申し上げます。**

**遠方のためお悔やみにも伺えず、申し訳ございません。**

**メールでのお悔やみとなりましたことをお詫び申し上げます。**

例 本来であれば弔問にお伺いすべきですが、どうしても叶いません。略儀ながらメールにてお悔やみを申し上げます。

例 〇〇様のご逝去の報に際し、心よりお悔やみ申し上げます。何かとお取り込み中かと思い、メールでのお悔やみとなりましたことをお詫び申し上げます。

上司や友人など、本来なら弔問に伺うべき相手にメールする場合は、叶わないことをひと言謝りましょう。

メールでお悔やみを伝えることは失礼ではありません。先方は悲しみの中にあり、また忙しいでしょうから、自分のタイミングで開けるメールにはメリットもあります。

プラスα（アルファ）

葬儀などで使うべきではない「忌（い）み言葉」はお悔やみメールでも避けます。「重ね重ね」「くれぐれも」「たびたび」「しばしば」「再三」「再び」「重ねて」「続いて」など、繰り返しを意味する言葉です。

取引先・お客様 | 上司・目上の人 | 同僚・知人

## ○○様のご冥福を心よりお祈りいたします。

例 この度は急なことで大変驚いております。○○様のご冥福を心よりお祈りいたします。

例 突然の悲報に接し、ただ驚いています。遠方の地からではありますが、○○様のご冥福を心よりお祈りいたします。

「ご冥福（めいふく）をお祈りします」は遺族にかける言葉ではなく、故人にかける言葉。死後の幸せをお祈りしますという意味です。そのため、必ず「○○様の」と故人に対しての言葉であることがわかるようにします。

メールの最初に「お悔やみ申し上げます」を使い、締めに「○○様のご冥福を心よりお祈りいたします」をもってきてもよいでしょう。

なお、このフレーズは必ずしも必要なものではありません。特に、「冥福」という概念のないキリスト教、神道、浄土真宗では使いません。

**ここが大切！**

お悔やみメールは簡潔にするのが基本。件名もシンプルにし、季節のあいさつなどは入れません。最後に「ご返信不要です」と入れてもよいでしょう。

**プラスα（アルファ）**

キリスト教においては死は祝福すべきもの。神様のいる天国に行けるという意味があります。「○○様の安らかなる眠りをお祈りいたします」などの言葉が妥当です。

取引先・お客様　上司・目上の人　同僚・知人

**どうぞお体をお大事になさってください。**

**おつらいとは存じますが、あまりご無理をなさいませんよう。**

**どうぞ心ゆくまでご家族との大切な時間をお過ごしください。**

例 どうぞお体をお大事になさってください。また何かございましたら、遠慮なくご連絡ください。

例 ○○の件に関してご心配には及びません。どうぞ心ゆくまでご家族との大切な時間をお過ごしください。

お悔やみメールはなるべく手短にするのが基本ですが、悲しんでいる相手を労(いたわ)るひと言を添えたいものです。

また、ビジネスに関する要件はいったん避け、お悔やみメールを送ったあとは相手からの連絡を待ちましょう。

プラスα(アルファ)

故人とも交流があった場合には、「○○様には生前大変お世話になりました」という言葉とともにエピソードを盛り込んでもよいでしょう。たとえば、「新入社員の頃に、○○についてユーモアも交えながら親切に教えてくださいました。あのときのやさしい声が思い出されます」など。

# 退職・転職・異動

## 退職 のメールサンプルとポイント

### 取引先への退職メール

取引先・お客様　上司・目上の人　同僚・知人

件名：退職のごあいさつ

○○株式会社
販売部　○○様

いつも大変お世話になっております。
株式会社○○の○○です。

この度、一身上の都合により退職することになりました。
○月○日が最終の出社日となります。

これまで至らぬ点もあったかと存じますが、格別な配慮を賜り、心より感謝申し上げます。

後任者は本メールのCcに入れております□□です。
退職日までにしっかりと引き継ぎをするとともに、改めて□□からもご連絡いたします。

最後になりましたが、○○様のさらなるご健勝とご活躍を心よりお祈り申し上げます。
これまで本当にありがとうございました。

---
株式会社○○　営業部　○○○○
〒000-0000　東京都○○区○○１－21－３
TEL：03-0000-0000　FAX：03-0000-0000
Email：○○○○@○○○○.co.jp
URL：http://○○○○.co.jp/

---

あいさつ文のあと、退職スケジュールとお礼を述べ、最後には次につながる1文などを入れます。また、「○○様のおかげで」などと相手の個人名を入れるのも心がこもっている印象を与えます。

POINT

取引先が多く個別送信が難しい場合は「お取引先各位」「関係者各位」などとします。

POINT

退職の理由を説明する必要はありません。「一身上の都合」が一般的です。

POINT

いつまで出社するのかといった退職スケジュールを入れます。大切なのは日程に余裕を持って伝えること。

POINT

次の担当者名を伝え、その人をCcに入れることで混乱を防ぎます。

プラスα（アルファ）

退職後の連絡先は、今後も連絡を取りたい場合のみ、「今後ご連絡をいただける場合は下記までお願いします」と書きましょう。今後はかかわりたくないと思う場合は、無理に記載する必要はありません。

# 1 退職のフレーズ

取引先・お客様　上司・目上の人　同僚・知人

**この度、一身上の都合により、○月○日をもちまして株式会社○○を退職することになりました。**

例 私事で大変恐縮ですが、この度、一身上の都合により、○月○日をもちまして株式会社○○を退職することになりました。在職中は～

取引先へのメールは余裕をもった日程で送ります。目安として最終出社日の2、3週間前。公表が許可され、後任が決まったタイミングが望ましいでしょう。この間に次の担当者への引き継ぎや進行中の案件の整理などを行います。

なお定期的に会っている相手の場合や特に重要な取引先へは、直接出向いて報告しましょう。その後の調整はメールでかまいません。

あいさつのあとは、これまでの感謝の気持ちを述べ、引き継ぎについて記載します。

**ここが大切！**

退職の理由は細かく伝える必要はありません。「一身上の都合」が一般的ですが、そのほかに「健康上の理由」や「家庭の事情」などでもよいでしょう。人間関係の愚痴などネガティブなことは書かないのがマナーです。

取引先・お客様 | 上司・目上の人 | 同僚・知人

**一身上の都合により、本日をもちまして退職することになりました。**

**一身上の都合により退職することになり、本日が最終出社日となります。**

**この度、健康上の理由により、○月末で退社することになりました。**

例 お疲れ様です。○○部の鈴木です。Bcc送信にて失礼いたします。一身上の都合により、本日をもちまして退職することになりました。

社内の場合は最後のあいさつという意味で最終出社日に一斉メールを送るのが望ましいでしょう。感謝の言葉を述べ、最後に「皆様のさらなるご活躍を心よりお祈り申し上げます」などで結びます。

特別にお世話になった上司にはエピソードなども交え個別メールを送るのもよいでしょう。

今後も連絡を取り合いたい相手の場合、メールアドレスと携帯番号を書き添えておきます。

社内に一斉にメールをするときは自分宛てにし、相手のアドレスは全員Bccに入れましょう。

## 2 転職のフレーズ

**取引先・お客様**　上司・目上の人　同僚・知人

**この度、株式会社○○を退職し、○月○日付けで株式会社□□に入社いたしました。**

**○月○日より、株式会社□□に入社いたしました。**

**○月○日より、株式会社□□に転職いたしました。**

例 ○月○日より、株式会社□□に入社いたしました。前職での経験を活かし、現在、○○部に所属し、○○に携わっております。

転職後に、以前の取引先にメールを送る場合の例です。転職先が相手の競合他社などではないか確認したうえで、簡潔に現職の業務内容などを伝えましょう。あからさまな営業メールは、快く思われない場合もあるので注意しましょう。

プラスα（アルファ）

転職したためメールアドレスが変わります。先方には誰からのメールかわからない場合もあるので、件名に「元○○株式会社　鈴木」などと入れるとよいでしょう。

取引先・お客様　**上司・目上の人**　同僚・知人

**この度、○○株式会社へ転職しましたのでご報告いたします。**

**この度、○月○日付けで○○の分野に転職し、現在□□を担当しています。**

例 大変ご無沙汰しております。○○様にはますますご活躍のことと存じます。この度、○○株式会社へ転職しましたのでご報告いたします。

転職して落ち着いたら、以前の職場の上司や同僚に報告メールを出してもよいでしょう。また、日頃あまりやりとりのない恩師や目上の親戚などにも近況を伝える機会となります。

下は、たとえば以前の勤務先の上司などに宛てたもの。退職から少し間があいた場合などは、新しい仕事を始めてすぐに報告のメールを送ります。

いずれの場合も、「本来ならばお伺いすべきところですが、失礼ながらメールでのご報告となりましたことをお許しください」などと結ぶとていねいです。最後はしっかりと新しい社名や部署名の入った署名を入れましょう。

**プラスα（アルファ）**

退職や転職メールを受け取った場合の返信ですが、儀礼的な一斉メールの場合は特に必要はありません。個別に届いたものや、お世話になった人からのメール、また今後もビジネス上の関係が続きそうな場合は返信しましょう。

## 3 異動のフレーズ

取引先・お客様 | 上司・目上の人 | 同僚・知人

**～に配属されました。**

**私事ではございますが、○月○日付けで、○○部から□□部へ異動になります。**

**後任には○○が就任いたしました。**

例 私事ではございますが、○月○日付けで、○○部から□□部へ異動になります。○月○日（○）以降の連絡先は以下のとおりです。

例 後任には○○が就任いたしました。私同様、よろしくお願い申し上げます。

取引先などへは「異動になります」または「異動になりました」と報告します。電話番号やメールアドレスが変更になる場合は新しいものを知らせ、変更にならない場合は最後の署名のあとに「※変更ありません」と書き添えるとよいでしょう。また、後任の名前と「改めて後任の○○よりご連絡いたします」の1文も忘れないようにしましょう。

**ここが大切！**

大事な引き継ぎがある場合は、なるべく早めに取引先に連絡し、後任を紹介します。ただし急な辞令の場合もあるので、できる範囲でかまいません。

取引先・お客様 | 上司・目上の人 | 同僚・知人

**ご存じかとは思いますが、○月○日付けで、○○部から□□部へ異動になります。**

**○月○日付けで、○○部から□□部へ異動になりました。○○では△△に関する業務を行っておりました。**

例 ご存じかとは思いますが、○月○日付けで、○○部から□□部へ異動になります。山田部長には△△の件などで大変お世話になりました。

例 ○月○日付けで、○○部から□□部へ異動になりました。○○では△△に関する業務を行っておりました。こちらの部署では□□を担当します。よろしくお願いいたします。

いずれも社内向けの異動あいさつメールですが、上は元いた部署の上司や同僚に送る文例。下は新しい部署の上司や同僚向けの文例です。慌ただしい中ではありますが、双方にあいさつをして、異動による混乱を招かないように気を配りましょう。また「ご存じかとは存じますが」は、「存じ」が2回出てくるので不適切です。「ご存じかとは思いますが」に言い換えを。

プラスα（アルファ）

新しい部署のメンバーへの初メールには、「不慣れですので、ご迷惑をおかけすることもあるかもしれませんが、お役に立てるよう精一杯努める所存です」などとひと言添えます。

# ねぎらい・励まし

## ねぎらいのメールサンプルとポイント

### 社内のねぎらいメール

取引先・お客様　上司・目上の人　同僚・知人

件名：□□の発売おめでとうございます

製品本部　〇〇様

お疲れ様です。
事業部の〇〇です。

□□がついに発売されるとのこと、おめでとうございます。

構想から〇年だそうですね。
ご苦労も多かったことと推察しますが、
完成度の高いすばらしいものが
できあがったと伺っています。

□□の一部をお手伝いさせていただき、
大変勉強になりました。

事業部スタッフ一同、発売日を心待ちにしております。
今後ともよろしくお願いいたします。

まずはお礼まで。ありがとうございました。

---
事業部　〇〇〇〇
電話：000-000-0000
Email：〇〇〇〇@〇〇〇〇.co.jp

---

ねぎらいは何かをなしとげた人に対して、励ましはこれから何かを始める人や何かが進行中の人に送るメールです。取引先や上司などに送る場合もありますが、上から目線にならないよう注意が必要です。

POINT

ふだんは「さん」づけで呼んでいる相手でも宛名には「様」をつけます。本文中で相手の名前を呼ぶ場合は「さん」でもかまいません。

POINT

件名にも「おめでとうございます」とありますが、本文にも「おめでとうございます」を入れます。

POINT

苦労したことをねぎらうメールなので、それがわかる具体的なエピソードがあるとよいでしょう。

POINT

上から目線にならないように注意しつつ、相手への感謝と敬意を表現します。

**ここが大切！**

目下から目上（上司など）にねぎらいのメールを送る場合は、相手を尊敬する言葉を入れると文を構成しやすくなります。たとえば、「勉強になります」「見習って精進します」「○○をお手本にします」など。

## 1 ねぎらいのフレーズ

取引先・お客様　上司・目上の人　同僚・知人

**○○様のおかげで達成することができました。**

**いつも気にかけていただきありがとうございます。**

**お忙しい中、ご尽力いただきありがとうございます。**

例 ○○様のおかげで売上の目標を達成することができました。ありがとうございました。□□の際、ご一緒させていただいたことが大変勉強になり～

例 ○○プロジェクトにおいては、お忙しい中、ご尽力いただきありがとうございます。おかげさまで、このほど□□が完成し～

ビジネスにおける目上の人や取引先に対するねぎらいのメールは、ほぼ感謝のメールです。たいていは一緒に仕事をしたあとなので、「勉強になった」「感謝している」ということを伝えます。「おかげさま」は相手が助けてくれたことに感謝を表す言葉で、広く使えるので覚えておくとよいでしょう。

**プラスα（アルファ）**

目上の人に対するねぎらいのメールは、退職する人に送る場合もあります。「お疲れ様でした」のあとに、やはり「いつも親身になっていただきありがとうございました」など感謝の意を述べます。

取引先・お客様 | 上司・目上の人 | **同僚・知人**

**残念でしたね。**

**無念さを感じていると思います。**

**力になれず申し訳ありませんでした。**

**いつも全力で取り組んでいる姿、励みになっています。**

例 ○○の件が中止になってしまったことについては残念でしたね。○○さんが頑張っていたのに、力になれず申し訳ありませんでした。

例 今回、受注できなかったことについては、○○さんは無念さを感じていると思います。けれども、○○さんだけのせいではありません。

失敗した同僚をねぎらうメール。部下に対しても使えます。相手を責めるようなことはせず、日頃の頑張りに対する尊敬の気持ちや、これまでの努力に対する感謝の気持ちを込めましょう。最後は「これからも一緒に頑張りましょう」など、前向きな締めくくりにします。

**プラスα（アルファ）**

「ゆっくり休んでください」「何でもいってください」など同僚だからこそいえる言葉を添えるのもいいでしょう。相手が落ち込んでいるようなときは、メールの最後に「返信不要です」を加えて。

## 2 励ましのフレーズ

取引先・お客様　上司・目上の人　同僚・知人

**○○のご成功を願っております。**

**○○がご成功なさることを信じております。**

**ご健闘をお祈りしています。**

**新しい○○でのご活躍をお祈りしています。**

**よい結果となりますようお祈りしています。**

**ご活躍を楽しみにしております。**

例 この度は新店舗のオープンおめでとうございます。○○様のさらなるご活躍を楽しみにしております。

励ます言葉として一般的なのは「頑張ってください」。ただし目上の人に対して使うのは失礼にあたる場合もあります。さまざまな励ましの定型文があるので、スマートに使えるようにしたいものです。

プラスα（アルファ）

「大丈夫ですよ」「期待しています」などは目上の人には使いません。もし、目上の相手が不安に陥っているのを励ましたい場合は「○○様なら、ご心配には及ばないと思います」などがおすすめです。

取引先・お客様 | 上司・目上の人 | **同僚・知人**

**ご活躍をお祈りしています。**

**応援しています。**

**努力の成果を存分に発揮できますように祈っています。**

**お互いに頑張りましょう。**

**○○さんならきっと大丈夫です。**

例 明日はいよいよ○○へ向けて出発ですね。○○さんの新天地でのご活躍をお祈りしています。

例 ○○さんが毎日仕事に打ち込んでいる姿、本当に尊敬しています。今度のプロジェクトでは努力の成果を存分に発揮できますように祈っています。

例 ○○さんならきっと大丈夫です。セカンドキャリアを応援します。

同僚や部下に対してエールを送るメール。仲間の努力をすぐそばで見てきたからこそ送ることができる言葉を選びましょう。「お互いに」といえるのも同僚ならでは。「頑張ってください」より「お互いに頑張りましょう」のほうがやわらかい印象になります。

なお、これらの言葉はメールだけでなく、メッセージカードに添えてもよいでしょう。

# 称賛

## 称賛 のメールサンプルとポイント

### 感心したことを伝えるメール

取引先・お客様　上司・目上の人　同僚・知人

件名：本日はありがとうございました

株式会社○○
○○部　○○様

お世話になっております。
株式会社○○社の○○です。

本日は貴重なお時間をいただき
ありがとうございました。

貴社の新サービスについて詳細にご説明いただき、
大変勉強になりました。
その希少性と緻密さに非常に感銘を受けております。

ご質問のありました□□につきましては、
すぐに確認を取り○月○日までに
改めてお返事いたします。

今後ともどうぞよろしくお願いいたします。

---
株式会社○○社　営業部　○○○○
〒000-0000　○○県○○市○○１－21－３
TEL : 000-000-0000　FAX : 000-000-0000
Email : ○○○○@○○○○.co.jp
URL : http://○○○○.co.jp/

---

ほめ言葉には多くの種類があり、相手や内容によってどの言葉を選ぶかが重要なポイント。目上の人には「勉強になりました」などと添えることで、自分をアピールすることにもつながります。

POINT

メールの中でお礼を述べることがある場合は、まず最初に入れましょう。

POINT

「感銘を受けました」はビジネスシーンで使いやすいほめ言葉。何について感銘を受けたのか具体的に入れたいものです。

POINT

先方から投げかけられた宿題については、いつまでに何をするのか改めて伝えるとていねいです。

プラスα（アルファ）

相手を素直にほめることは少々照れくさいと感じるかもしれません。けれども、ほめる行為は相手を喜ばせるだけでなく、脳が活性化し気持ちが前向きになるなど、ほめる側にもメリットがあるといわれています。メールにも積極的に取り入れましょう。

## 1 感心を伝えるフレーズ

取引先・お客様　上司・目上の人　同僚・知人

**すばらしい○○だと思います。**

**感銘を受けました。**

**傑出した○○だと思います。**

**お見事でございました。**

**心を打たれる思いです。**

**感服いたしました。**

例 お送りいただいた企画書を拝見しましたが、すばらしい内容だと思います。ありがとうございました。

例 ○○様の深いお考えに感銘を受けました。これからの仕事の進め方に活かしていこうと思います。

取引先や上司に使う頻度の高いほめ言葉。「すばらしい」はオールマイティ、「感銘を受けた」は会社の理念や個人の姿勢・言葉などに使い、「心を打たれる」は感動をともなうとき、「感服する」は服従の意味も含みます。

プラスα（アルファ）

目上の人をほめるときに評価はしないのがマナーです。もちろん、「○○より優れている」など、ほかとの比較もやめましょう。

取引先・お客様　上司・目上の人　同僚・知人

**○○様のご人徳のなせるわざと存じます。**

例 大きな事業を成し遂げられたのは、○○様のご人徳のなせるわざと存じます。

「人徳」とはその人に備わっている徳のこと。生まれつきもっている能力や、品格、知性のことをいいます。「人徳のなせるわざ」「人徳がおありになる」は最高に近いほめ言葉といえるでしょう。
「人望がある」も語感が似ていますが、こちらは周りの人から寄せられる期待や信頼のこと。同じほめ言葉ですが、意味は違います。

取引先・お客様　上司・目上の人　同僚・知人

**○○様なら間違いないとお聞きしております。**

**模範とさせていただきます。**

例 今回のご担当は○○様と伺いました。○○様なら間違いないとお聞きし、大変光栄に感じております。

例 品質に妥協のない○○様のお仕事ぶりを、模範とさせていただきます。

第三者から評判を聞いたというほめ言葉も、相手の気持ちをくすぐるフレーズ。地位の高い人へのメールにも使えます。誰から聞いたか、どこで聞いたかを具体的に入れてもよいでしょう。

取引先・お客様　上司・目上の人　同僚・知人

**勉強になりました。**

**学ばせていただきました。**

**お手本にさせていただきます。**

**模範とするところでございます。**

例 この度、○○プロジェクトでご一緒させていただき、大変勉強になりました。今後ともご指導のほど、よろしくお願いいたします。

相手を称賛し、そこから学びたいという意欲を感じさせるフレーズ。謙虚さを表していますが、あまり多用すると、口先だけの社交辞令という印象を与えてしまうので気をつけましょう。

仕事がスタートする前なら「勉強させていただきます」という未来形でも使えます。

なお、似ている言葉に「参考になりました」「参考にさせていただきます」もありますが、「参考にする」は自分の知識や経験にプラスするという意味。人によっては失礼に感じるので、「勉強する」「学ぶ」のほうが目上の人に送るフレーズとして適しています。

**ここが大切！**

「学ぶ」は五段活用動詞。敬語として使うときに「学ばさせていただく」は間違い。正しくは「学ばせていただく」です。

**素敵だと思います。**

**さすがです。**

**○○が上手です。**

**○○さんなら安心です。**

**一緒に仕事ができてうれしいです。**

**学ばせてもらいます。**

**参考にさせてください。**

**お見事。**

**すばらしいです。**

例 ○○さんの仕事の進め方はすばらしいですね。ぜひ参考にさせてください。

同僚や知人に称賛を送る言葉。さまざまな場面で使える汎用性(はんようせい)の高い言葉を選びましたが、もっと具体的に「リーダーシップがある」「頭の回転が速い」「センスがよい」などのほめ言葉を使ってもかまいません。

あまり凝らずに、率直に思いを表現したほうが心からほめる気持ちが伝わります。

## 2 尊敬を伝えるフレーズ

取引先・お客様　上司・目上の人　同僚・知人

**敬服いたしました。**

**敬服の至りに存じます。**

**尊敬しております。**

**尊敬の念に堪えません。**

例 ○○様の決断力、実行力に深く敬服いたします。

「敬服」はその人に対して尊敬の念を抱くことです。相手に尊敬を伝えるフレーズとして「敬服いたしました」でもよいですが、最高の状態という意味の「至り」を加えて「敬服の至りに存じます」とすると、最高級の尊敬を表すことになります。

### プラスα（アルファ）

尊敬を表す言葉として「頭が下がる」があります。しかし、これは目上の人に対して使った場合は失礼にあたることがあります。「課長が○○しているのを見て頭が下がりました」というと、何か特定のことに対して尊敬したことになります。日常から尊敬すべき相手に対しては使わないほうがよいでしょう。また「脱帽しました」も同じです。これには何かに関して負けを認めたという意味があり、目上の人に使うのは失礼にあたります。

## 3 好評を伝えるフレーズ

取引先・お客様　上司・目上の人　同僚・知人

**ご好評をいただいております。**

**おほめの言葉をいただきました。**

**人気を博しております。**

例 先月発売いたしました○○は、おかげさまでご好評をいただいております。

例 作品をご覧になった○○先生より、おほめの言葉をいただきました。

「ご好評をいただく」という言い方は、商品やサービスについてよく使われます。「○○という商品がご好評をいただいております」「新サービスがご好評をいただいております」といったケースです。

一歩進んで広く知られてくると「人気を博す」という言い方をすることもあります。世間の注目を集め、より評判を得ているという意味です。

さらに進むと「人気を誇る」という言葉もありますが、こちらは人気を得て得意になるという意味を含むので、メールで使う場合は相手を選びます。

**ここが大切！**

「好評」と同じ読み方で「高評」という言葉があります。「好評」は人に受け入れられることを表しますが、「高評」は主に評価してくれる人を敬った表現です。意味が違うので間違えないようにしましょう。

語感をきたえよう❸
# しっくりくる組み合わせは？

**Q** （　　　）にはどの語を入れるのがよいか、下の語群より１つずつ選びましょう。

① 反対意見を出すとき

A（　　　　　）申し立て
B（　　　　　）がある
C（　　　　　）を呈する
D（　　　　　）をかける
E（　　　　　）をつける

| 待った ・ 異議 ・ 物言い ・ 疑問 ・ 異論 |
|---|

② 恥をかかされるなど、つらく苦しい経験をする

A（　　　　　）を受ける
B（　　　　　）を味わう
C（　　　　　）をなめる
D（　　　　　）がつぶれる
E（　　　　　）にかかわる

| 辛酸 ・ 面目 ・ 屈辱 ・ 侮辱 ・ 沽券 |
|---|

答え
①A異議　B異論　C疑問　D待った　E物言い
Bは、ほかの語でも入れられますが、１回ずつ使うという条件で絞ることができます。
②A侮辱　B屈辱　C辛酸　D面目　E沽券
「屈辱」と「侮辱」は入れ替えられますが、もっとも使う例では解答のようになります。

# すぐに使える<br>ケース別フレーズ

依頼・提案・お願い

謝罪・お詫び

断り・辞退

催促

抗議・反論

相談・問い合わせ

案内・報告・お知らせ

承諾・回答

申請

指摘

紹介・推薦

## サンプルの感想のお願いメール

取引先・お客様　｜　上司・目上の人　｜　同僚・知人

**件名：先日のお礼とサンプルのご感想のお願い**

株式会社○○
営業部　○○様

お世話になっております。株式会社○○の○○です。

先日はお忙しい中、新商品□□の発表会にご来場いただき、
誠にありがとうございました。

会場で忌憚のないご意見を頂戴し、
社員一同深く感謝しております。

なお本日、サンプルを送付させていただきましたので、
お手元に届きましたら内容のご確認をお願いいたします。

お忙しいところ恐縮ですが、
よろしければサンプルの使用感など
お聞かせ願えませんでしょうか。

今後の商品開発の参考にさせていただきますので、
お手数をおかけしますが、
ご協力のほど、よろしくお願い申し上げます。

---

株式会社○○　営業部　○○○○
〒000-0000　○○県○○市○○１－21－３
TEL：000-000-0000　FAX：000-000-0000
Email：○○○○@○○○○.co.jp
URL：http://○○○○.co.jp/

---

相手に何かをしてもらうという目的があるメールは、要望の伝え方にも配慮が必要です。相手の立場、要望の難易度などを考慮し、相手に快く承諾してもらえるよう敬語表現などに注意しましょう。

POINT

「ご確認をお願いいたします」は確認をお願いする定番のフレーズ。社外の人に対しては、このようなていねいな言い回しに。

POINT

社外の人にお願いする場合は「お忙しいところ恐縮ですが」などのクッション言葉（➡P70、P286～291）をつけてていねいな表現に。

POINT

「よろしければ」は相手を気遣うクッション言葉。「願えませんでしょうか」は、頼みごとを承諾するかどうかを相手に委ねる謙虚でていねいなフレーズです。

POINT

「お手数をおかけしますが」はクッション言葉。「～のほど、よろしくお願い申し上げます」は表現をやわらげる「～のほど」と、謙譲語「申し上げる」の組み合わせです。

**ここが大切！**

相手の負担になることがわかっていてもお願いしなければならない局面は、ビジネスにおいてよくあります。その際には、へりくだった表現を適切に使うスキルが求められます。

## 1 依頼のフレーズ

取引先・お客様　上司・目上の人　**同僚・知人**

**～してもらえませんか。**

例 本日中に、プロジェクト完了までのスケジュール案を提出してもらえませんか。

「～してください」「～してもらえますか」というストレートな言い方に比べると、低姿勢でていねいな言い回しですが、目上の人や取引先などにメールする場合は、よりていねいな表現が望ましいです。

**取引先・お客様　上司・目上の人　同僚・知人**

**～していただけますか。**

**～していただけますでしょうか。**

例 お忙しいところ恐縮ですが、昨日メールでお送りした資料に目を通していただけますか。

例 アンケート用紙に、お客様のご意見を記入していただけますでしょうか。

「いただく」は、「もらう」の謙譲語。「～していただけますか」は、「～してもらえますか」を謙譲語でソフトに表現したフレーズです。「～していただけますでしょうか」と、よりていねいな言い回しにもできます。

| 取引先・お客様 | 上司・目上の人 | 同僚・知人 |
|---|---|---|

**～をお願いできませんでしょうか。**

**～していただきたいのですが、お願いできますでしょうか。**

**～願えませんでしょうか。**

例 意見の取りまとめをお願いできませんでしょうか。

例 延期をご検討願えませんでしょうか。

こちらからの頼みごとを承諾するかどうかを相手に問いかける表現。相手の意思を尊重する形になっているので、謙虚でていねいな印象を与えます。

| 取引先・お客様 | 上司・目上の人 | 同僚・知人 |
|---|---|---|

**～していただければ幸いです。**

**～いただけると幸いです。**

例 お忙しいところ恐れ入りますが、○日までにご対応いただければ幸いです。

「幸い」は「ありがたい、幸せ」という意味で、「相手がそれをしてくれたらありがたい」という言い回しです。文末を「幸いに存じます」にすると、よりていねいな表現になります。

取引先・お客様　上司・目上の人　同僚・知人

**ぜひお願いいたします。**

例 私どもの企画案を前向きにご検討いただけますよう、ぜひお願いいたします。

ここで使われる「ぜひ」は、「心を込めて、強く願うさま」を表します。

取引先・お客様　上司・目上の人　同僚・知人

**ご依頼申し上げます。**

例 お世話になっております。○月○日の作業について、下記のとおりご依頼申し上げます。

取引先などへのメールに使われるフォーマルな表現です。

取引先・お客様　上司・目上の人　同僚・知人

**〜のほど、よろしくお願い申し上げます。**

例 今後とも当社製品をご愛顧のほど、よろしくお願い申し上げます。

ビジネスでよく使われる定番表現のひとつです。

取引先・お客様　上司・目上の人　同僚・知人

**～をお願いしたく、ご連絡を差し上げた次第です。**

例 新オープンの店舗の撮影をお願いしたく、ご連絡を差し上げた次第です。

ここでの「次第」は、物事がそうなった理由や経緯をいう語です。理由やいきさつを説明する文が前にくる形でよく使われます。

取引先・お客様　上司・目上の人　同僚・知人

**切にお願い申し上げる次第です。**

例 ご不便をおかけいたしますが、ご理解賜(たまわ)りますよう、切にお願い申し上げる次第です。

取引先・お客様　上司・目上の人　同僚・知人

**懇願申し上げます。**

例 何卒お引き受けいただきますよう、懇願申し上げます。

「懇願(こんがん)」とは「ひたすら願うこと」。やや悲壮感も感じさせるほど重い語感なので、ビジネスメールでは、ここぞというとき以外は使用しないほうがいいでしょう。

| 取引先・お客様 | 上司・目上の人 | 同僚・知人 |
|---|---|---|

**ご確認をお願いいたします。**

**ご確認いただけますと幸いです。**

例 明日の会議の使用資料について、ご確認をお願いいたします。

例 企画書を送付しましたので、ご確認いただけますと幸いです。

「ご確認お願いします」でも、同僚や直属の上司へのメールで使うぶんには問題ありませんが、立場がずっと上の人や取引先にはよりていねいな「〜お願いいたします」を使いましょう。

| 取引先・お客様 | 上司・目上の人 | 同僚・知人 |
|---|---|---|

**確認のため、メールをお送りした次第です。**

**いま一度確認させていただきたく〜**

例 経費の精算はおすみでしょうか。確認のため、メールをお送りした次第です。

例 スタッフの担当エリアに変更はございませんでしょうか。いま一度確認させていただきたく、ご連絡いたしました。

以前のメールへの返信がなかった場合や、こちらの依頼内容がちゃんと伝わっているか不安な場合などに使うフレーズです。「いま一度」はもう一度という意味。

## 2 提案のフレーズ

取引先・お客様　**上司・目上の人**　**同僚・知人**

**～はどうでしょうか。**

例 新しい産業ロボットの導入はどうでしょうか。人件費の削減につながると思います。

相手の状況や意見を尋ねたり、相手に何かを提案したりするときなどに使う言い回し。語尾が丁寧語ですが、それほど改まった表現ではないので、取引先などに使うのは不適切です。

**取引先・お客様**　**上司・目上の人**　**同僚・知人**

**～はいかがでしょうか。**

**～してもよろしいでしょうか。**

例 新たな層にアピールするため、こちらのデザインに変更するのは、いかがでしょうか。

例 来月以降のメンテナンスをこちらで担当してもよろしいでしょうか。

「～はどうでしょうか」のよりていねいな言い回しが「～はいかがでしょうか」。相手に許可を求める「～よろしいでしょうか」は「よろしいですか」をよりていねいにした言い回し。目上の人や取引先にも使えます。

取引先・お客様　上司・目上の人　同僚・知人

**～いただきたいので、ご提案いたします。**

**～をご検討いただけないでしょうか。**

例 経費削減を徹底していただきたいので、ご提案いたします。

例 お手数をおかけしますが、一部商品の納品の前倒しをご検討いただけないでしょうか。

こちらの提案について、相手に考えてほしいという要望の表現。取引先への提案の際などにも使える改まった言い回しです。

取引先・お客様　上司・目上の人　同僚・知人

**下記のように提案いたします。**

**下記の要領でご提案いたします。**

例 下半期の販促キャンペーンについて、下記のように提案いたします。

例 本社移転に伴うリモートワークの推進を下記の要領でご提案いたします。

提案する内容をあとから述べるという前置き的な文です。提案が多岐にわたって説明が長くなる場合などに使います。「下記の要領」での「要領」は、大事な点、要点という意味です。

取引先・お客様　上司・目上の人　同僚・知人

## ～について提案します。

例 業務の妨げとなっているミスの件数を減らす方法について提案します。

何かを提案する際のストレートな言い回し。語尾の「します」は丁寧語ですが、取引先など社外の人には「いたします」「申し上げます」といった、よりていねいな表現のほうがよいでしょう。

取引先・お客様　上司・目上の人　同僚・知人

## ～いただくことは可能でしょうか。

例 スケジュールの変更案を今週末までにご提出いただくことは可能でしょうか。

「～してほしい」という要望を婉曲に表現したフレーズ。ていねいな表現ですが「可能でしょうか」の部分に「こちらの能力を探るかようなニュアンス」があって失礼と感じる人もいるので、外部の人には使用しないのが無難です。

取引先など外部の人の場合、「お忙しいところ恐縮ですが」「お手数をおかけしますが」などのクッション言葉（➡P70、P286～291）を頭に置くとよいでしょう。

## 3 お願いのフレーズ

取引先・お客様　上司・目上の人　同僚・知人

**お願いいたします。**

例 新たな業務の分担について、ご検討をお願いいたします。

取引先・お客様　上司・目上の人　同僚・知人

**お願いできないでしょうか。**

例 私が留守にしている間、アンケートの回収と集計をお願いできないでしょうか。

こちらの願いを受けるかどうかを相手に問いかける疑問文の言い回しです。

取引先・お客様　上司・目上の人　同僚・知人

**お願いできれば幸い（幸甚）です。**

例 創立100周年を祝うパーティーで、ご祝辞をお願いできれば幸いです。

「願いごとを引き受けてくれればありがたい」という意味の、ていねいな表現。「幸い」を「幸甚」にすると、さらにかしこまった表現になります。

取引先・お客様　上司・目上の人　同僚・知人

**ご連絡をお待ちしております。**

例 先日、制作費の見積もりをお送りいたしましたが、いかがでしょうか。ご連絡をお待ちしております。

連絡がほしいことをソフトにお願いする、へりくだった表現です。

取引先・お客様　上司・目上の人　同僚・知人

**ご一報いただけないでしょうか。**

例 書類をお受け取りになられましたら、メールにてご一報いただけないでしょうか。

「一報」は簡単な知らせを表し「簡単でいいので返信がほしい」ということ。

取引先・お客様　上司・目上の人　同僚・知人

**〜を伺いたいのですが**

例 じっくりとお話を伺いたいのですが、来週のご都合はいかがでしょうか。

「伺う」は「聞く」「尋ねる」「訪れる」の複数の意味をもつ謙譲語です。

## 4 依頼・提案・お願いのクッション言葉

取引先・お客様 | 上司・目上の人 | 同僚・知人

**よろしければ**

例 出張先で名物のお菓子を買ってきましたので、よろしければ皆さんで召し上がってください。

「よかったら」という意味の敬語表現。承諾の判断を相手に委ねる言い回し。

取引先・お客様 | 上司・目上の人 | 同僚・知人

**恐れ入りますが**

例 恐れ入りますが、館内での通話はご遠慮ください。

目上の相手に迷惑をかけることを申し訳なく思うという意味を表します。

取引先・お客様 | 上司・目上の人 | 同僚・知人

**ぜひとも**

例 今までにないコンセプトの新製品をぜひともお試しください。

「ぜひ」を強めていう語。相手に強く依頼したり、お願いしたりするときに。

取引先・お客様 | 上司・目上の人 | 同僚・知人

**ご足労をおかけしますが**

例 ご足労をおかけしますが、心よりお待ちしております。

「足労」は足を運ばせること。「ご足労をおかけしますが」は、「こちらのお願いに応じて、わざわざ来てもらって感謝する」という意味も含まれます。

取引先・お客様 | 上司・目上の人 | 同僚・知人

**折り入ってお願いがあるのですが**

例 折り入ってお願いがあるのですが、人事のご担当の方をご紹介いただけますでしょうか。

「折り入って」は心を込めてという意味。特別なお願いをするときの言い回し。

取引先・お客様 | 上司・目上の人 | 同僚・知人

**お手数をおかけしますが**

例 お手数をおかけしますが、議事録の作成をお願いいたします。

「お手数ですが」のていねいな表現。「手数（てすう）」は他人のためにかける手間のことで、「手間をかけさせて申し訳ないですが」という気持ちが込められています。

取引先・お客様 | 上司・目上の人 | 同僚・知人

### お手間をとらせますが

例 お手間をとらせますが、ユーザー様へのご対応をよろしくお願いいたします。

手間（時間や労力）をかけさせてしまい申し訳ないという気持ちを表します。

取引先・お客様 | 上司・目上の人 | 同僚・知人

### お忙しいところ恐縮ですが

例 お忙しいところ恐縮ですが、建設用地の資料をご確認のほどよろしくお願いいたします。

類似表現には「お忙しいところ恐れ入りますが」があります。

取引先・お客様 | 上司・目上の人 | 同僚・知人

### ご多忙中とは存じますが

例 ご多忙中とは存じますが、ぜひご出席いただきますようお願い申し上げます。

忙しい相手を気遣いつつ、依頼やお願いの文を続けるクッション言葉。

取引先・お客様 | 上司・目上の人 | 同僚・知人

## お時間がございましたら

例 もしお時間がございましたら、来社される前に資料をご一読ください。

相手の都合に配慮を示しながら依頼をするやわらかい表現。同様の意味をもつ「ご都合がよろしければ」は、ややフォーマルな言い回しです。

取引先・お客様 | 上司・目上の人 | 同僚・知人

## ご面倒かとは思いますが

例 ご面倒かとは思いますが、よろしくお願いいたします。

「ご面倒かとは存じますが」にするとよりていねいになります。

取引先・お客様 | 上司・目上の人 | 同僚・知人

## もし可能であれば

例 もし可能であれば、追加で生産をお願いいたします。

「できるなら○○してほしい」と依頼をする場合に。「可能であれば」はそれができる能力があるならという意味にもとれるので、外部の人の場合は注意。

取引先・お客様　上司・目上の人　同僚・知人

### 差し支えなければ

例 差し支(つか)えなければ、日程の調整をお願いいたします。

「もし不都合がなければ」という意味で、相手の事情に配慮するフレーズ。

取引先・お客様　上司・目上の人　同僚・知人

### 申し上げにくいのですが

例 申し上げにくいのですが、今回のお話は見送らせていただきます。

相手にとって不利益になることをいわなければならないときに使うクッション言葉。「これを伝えるのはこちらもつらい」というニュアンスです。

取引先・お客様　上司・目上の人　同僚・知人

### 勝手なお願いではございますが

例 勝手なお願いではございますが、納期を○月○日に変更していただけないでしょうか。

「勝手なお願いで申し訳ございませんが」「勝手なお願いで恐縮ですが」なども。

取引先・お客様　上司・目上の人　同僚・知人

## 勝手を申し上げますが

例 勝手を申し上げますが、ご了承いただけますと幸いです。

「勝手なことをいっているとわかっていますが」という意味合いの表現です。

取引先・お客様　上司・目上の人　同僚・知人

## 事情をお汲み取りいただき、何卒〜

例 弊社の事情をお汲み取りいただき、何卒ご理解いただきますようお願い申し上げます。

相手に負担をかける場合に「こちらのやむを得ない事情を察していただいたうえで、何とかお願いを聞いてほしい」という言い回しです。

取引先・お客様　上司・目上の人　同僚・知人

## 厚かましいお願いではございますが

例 誠に厚かましいお願いではございますが、見積書の提出期限を3日ほど延長していただけませんか。

図々(ずうずう)しいお願いだと自覚しているが、それでも承諾してほしいという場合に。

# 謝罪・お詫び

## 謝罪 のメールサンプルとポイント

### スタッフの不手際の謝罪メール

取引先・お客様　上司・目上の人　同僚・知人

件名：弊社スタッフの不手際に関するお詫び

株式会社〇〇
営業部　〇〇様

お世話になっております。
株式会社〇〇商事の〇〇です。

この度は、弊社スタッフの不適切な言動がございましたこと、
深くお詫び申し上げます。●

私どもの監督不行き届きによりご不快な思いをさせてしまい、
誠に申し訳ございません。●

当人に厳しく注意するのはもちろん、
スタッフ全員の教育を徹底して、再発防止に努めてまいります。●

この度のこと、本人も二度と繰り返さないと心から反省しております。
どうかご寛容を賜りますよう伏してお願い申し上げます。

今後とも変わらぬご愛顧を賜りますよう、
何卒よろしくお願い申し上げます。

メールにて恐縮ですが、取り急ぎお詫び申し上げます。●

株式会社〇〇商事　営業部　〇〇〇〇
〒000-0000　〇〇県〇〇市〇〇１－21－３
TEL：000-000-0000　FAX：000-000-0000
Email：〇〇〇〇@〇〇〇〇.co.jp
URL：http://〇〇〇〇.co.jp/

謝罪のメールは、謝罪の言葉に始まり、謝罪の言葉で終わるのが基本です。しかし、謝罪の言葉だけではその場限りの対応と思われてしまうので、トラブルの原因究明や再発防止策などにも言及しましょう。

POINT

まずは、どのような不手際があったのかを明確に述べ、謝罪の言葉を続けます。

POINT

トラブルの当事者だけでなく、上司や会社の責任にも言及して誠意を見せます。

POINT

謝罪の言葉を連ねるだけでなく、同様の不手際が起こらないようにする対策や心構えを述べます。

POINT

相手先に出向くか電話で直接謝罪するべきですが、なるべく早く謝罪の言葉を伝えるためにはメールが有効です。

ここが大切！

こちらに全面的に非があるケースでは、とにかく迅速な謝罪が必要です。深刻なトラブルの場合、ためらわずに電話や対面での謝罪を行いましょう。

## 1 謝罪のフレーズ

取引先・お客様　**上司・目上の人**　**同僚・知人**

**すみませんでした。**

**申し訳ありません。**

**申し訳ありませんでした。**

「すみません」は謝罪や感謝、依頼などをするときに使いますが、「すみませんでした」を使うのは謝罪のときのみです。丁寧語ですがフォーマルな表現ではないので、目上の人に使うときは注意が必要です。

「申し訳」は言い訳や弁解のことで、「申し訳ありません」は「言い訳のしようがない」「弁解の余地がない」という意味の言い回しです。

**取引先・お客様**　**上司・目上の人**　同僚・知人

**申し訳ございません。**

**申し訳ございませんでした。**

**大変申し訳ございませんでした。**

「申し訳ありません」をよりていねいにした言い回しです。上司や取引先など目上の人への謝罪で使える一方、同僚・知人に対して使うにはフォーマル過ぎる表現です。

取引先・お客様　上司・目上の人　同僚・知人

**深くお詫び申し上げます。**

**謹んでお詫び申し上げます。**

例 ご予約いただいた皆様にご迷惑をおかけしたことを、深くお詫び申し上げます。

「お詫び申し上げます」は公式な謝罪の場でも使われるフォーマルなフレーズ。「心よりお詫び申し上げます」を使ってもよいでしょう。「謹(つつし)んで」は敬意を表しうやうやしく物事をするさま。「かしこまって」と同じ意味です。

取引先・お客様　上司・目上の人　同僚・知人

**幾重にもお詫び申し上げます。**

**重ね重ねお詫び申し上げます。**

**重ねてお詫び申し上げます。**

例 この度は多大なるご迷惑をおかけし、誠に申し訳ございませんでした。重ね重ねお詫び申し上げます。

「幾重(いくえ)にも」は「何度も重ねて」という意味。「重ね重ね」や「重ねて」も同様で、謝罪の言葉を繰り返したあと、文末で使います。なお、これらは「繰り返す」を連想させる忌(い)み言葉なので、冠婚葬祭では使えません。

取引先・お客様 | 上司・目上の人 | 同僚・知人

**お詫びの言葉もありません。**

**お詫びの言葉もございません。**

**お詫びの申し上げようもございません。**

例 今回の重大な不手際につきましては、お詫びの言葉もございません。

例 プログラムのミスで皆様に繰り返しご迷惑をおかけしたこと、お詫びの申し上げようもございません。

「謝罪の言葉をいくら重ねても足りない」「申し訳ない気持ちが強過ぎていい表せない」という言い回し。「謝罪の言葉をいわない」と誤解される可能性があるので、メールの文末などに「申し訳ございません」のようなストレートな謝罪の言葉も述べるようにしましょう。

取引先・お客様 | 上司・目上の人 | 同僚・知人

**謝罪いたします。**

例 弊社の配送ミスについて、心より謝罪いたします。

心のこもった謝罪であることを示す「心より」をつけて使われることが多いフレーズです。「謝罪」は罪や過ちを詫びること。罪、すなわち法や道徳に反する行為について詫びる際に使うイメージもあります。

取引先・お客様 | 上司・目上の人 | 同僚・知人

**陳謝いたします。**

**心より陳謝いたします。**

**陳謝申し上げます。**

例 情報共有の不徹底により事故の発生を招いたこと、心より陳謝いたします。

例 昨日は機材のトラブルにより、予定の工程を完了できませんでした。心より陳謝申し上げます。

「陳述」という語のように、「陳」には「申し述べる」という意味があります。「陳謝」は詫びるべき物事について、事情を述べて謝罪するという意味です。

取引先・お客様 | 上司・目上の人 | 同僚・知人

**失礼いたしました。**

**大変失礼いたしました。**

例 回答が遅くなり、大変失礼いたしました。

「失礼」は礼儀に欠けること。軽く謝罪するときにも使われる言葉です。したがって「失礼いたしました」は、深刻なお詫びの際には不適切な言い回しといえます。きちんとした謝罪には「大変」をつけましょう。

取引先・お客様　上司・目上の人　同僚・知人

**お役に立てず申し訳ありません。**

**お役に立てず申し訳ございません。**

例 データの収集に関して、お役に立てず申し訳ありません。

例 企画案の作成に関して、今回はお役に立てず申し訳ございません。

相手の力になれないことを謝罪したり、相手の要求をやんわりと断ったりするときに使うフレーズ。「お力になれず申し訳ございません」も同様の使い方ができます。

取引先・お客様　上司・目上の人　同僚・知人

**お待たせして申し訳ありません。**

**お待たせして申し訳ございません。**

例 ご要望の最新データを送付いたします。お待たせして申し訳ありませんでした。

例 システムの不具合で処理に時間がかかっております。お待たせして申し訳ございません。

相手を待たせたことを詫びる表現。機械などの不具合で必要なものを提供するのに時間がかかったり、問い合わせにすぐに回答できなかったりした場合などに使う言い回しです。

## 2 迷惑をかけたことを謝罪するフレーズ

取引先・お客様 | 上司・目上の人 | 同僚・知人

**大変ご迷惑をおかけいたしました。**

**多大なご迷惑をおかけして、心より申し訳なく存じます。**

**ご心配をおかけいたしまして、申し訳ありません。**

例 体調が回復しましたので本日から出社しております。ご心配をおかけいたしまして、申し訳ありません。

こちらの都合や不手際で相手に迷惑をかけたことを謝罪する言い回し。「ご心配を〜」は、迷惑だけでなく心配をかけた際に使う表現です。

取引先・お客様 | 上司・目上の人 | 同僚・知人

**大変ご不快の念をおかけいたしました。**

**大変不愉快の念をおかけいたしました。**

例 この度はお送りした商品の不具合で、大変ご不快の念をおかけいたしました。誠に申し訳ございません。

「大変ご不快の念〜」の「念」は思いや気持ちのこと。相手に不快な思いをさせてしまったことを詫びる言い回しです。「大変不愉快の念〜」も同様。

## 3 自分の非を認めるフレーズ

取引先・お客様　上司・目上の人　同僚・知人

**弁解の余地もございません。**

**弁解のしようもございません。**

**釈明するつもりもございません。**

**申し開きのできないことです。**

**申し開きのしようもございません。**

例 これはひとえに私どものミスであり、弁解の余地もございません。

例 納期に間に合わせることができず、ご迷惑をおかけいたしました。釈明するつもりもございません。

まったく言い訳ができないほど全面的にこちらに非があり、どのような非難や叱責も受ける覚悟があるという言い回しです。「釈明するつもりもございません」は、開き直って釈明する気がないかのように受け取られることがあるので、使い方に注意が必要です。

**ここが大切!**

ここで紹介しているフレーズには直接的な謝罪の言葉が含まれていないので、謝罪や改善の決意などの文とセットで使いましょう。

取引先・お客様　上司・目上の人　同僚・知人

**私の不徳のいたすところです。**

**私の不徳の極みでございます。**

例 今回の作業員のミスは、私の不徳のいたすところです。

不都合やトラブルが自分の不適切な行動（不徳）によるものだという意味の言い回し。軽い謝罪の場面では使わない表現です。

自分の部下の行動がトラブルの原因となった場合に、上司が責任をとる意味でこの言い回しを使うこともあります。

取引先・お客様　上司・目上の人　同僚・知人

**私の至らなさが招いた結果です。**

**私の至らなさによるものでございます。**

例 申し訳ございませんが、提出したデータに不備がございました。私の至らなさが招いた結果です。

例 スタッフには厳重に注意しましたが、これもひとえに店長である私の至らなさによるものでございます。

細かなところまで行き届かなかったことが不都合な事態を招いたという言い回し。「至らない」は十分に配慮が行き渡っていないという意味で、注意不足や監督不足を指すことが多い表現です。

取引先・お客様 | 上司・目上の人 | 同僚・知人

**自責の念にかられております。**

**不行き届きでした。**

例 経済変動の見通しが甘かったと自責の念にかられております。

例 社員のミスを心からお詫び申し上げます。上司として、監督不行き届きでした。

「自責の念」は後悔し自分を責める気持ち。「かられる（駆られる）」は激しい感情に動かされること。過ちを強く反省する気持ちを表すフレーズです。

「不行き届き」はよく気がつかないこと、気配りや注意が足りないこと。よく使われる「監督不行き届き」は、指示や取り締まりが十分に行き届いていない様子を指します。

取引先・お客様 | 上司・目上の人 | 同僚・知人

**私の力不足です。**

**力不足で申し訳ありません。**

例 原材料を目標の約８割しか調達できませんでした。力不足で申し訳ありません。

自分の能力が足りないため要望に応えることができなかったり、迷惑をかけたりしたことを詫びる言い回しです。

## 4 指摘を認めるフレーズ

取引先・お客様 | 上司・目上の人 | 同僚・知人

**まさにおっしゃるとおりでございます。**

例 弊社のミスの件、まさにおっしゃるとおりでございます。

相手が指摘するこちらの不手際が、すべてそのとおりだと認める表現。

取引先・お客様 | 上司・目上の人 | 同僚・知人

**ご指摘はごもっともでございます。**

例 商品の発送の遅れに関するご指摘はごもっともでございます。

「ごもっとも」は相手の言い分を肯定する語。相手の指摘を受け入れる表現。

取引先・お客様 | 上司・目上の人 | 同僚・知人

**○○は無理もないことでございます。**

例 再三のご指摘にもかかわらず改善することができませんでした。○○様のお怒りは無理もないことでございます。

「無理もない」は、十分な理由がある、当然だ、もっともだという意味。

## 5 反省のフレーズ

取引先・お客様 | 上司・目上の人 | 同僚・知人

**深く反省いたしております。**

**猛省しております。**

例 送付しました説明書に重大なミスがございました。深く反省いたしております。

自分の行動を振り返り、悪い点があったと認めるフレーズ。「猛省」は深く、強く反省するという意味です。

取引先・お客様 | 上司・目上の人 | 同僚・知人

**恥じ入っております。**

**責任を痛感しております。**

**肝に銘じます。**

例 ○○の件、誠に申し訳ございませんでした。二度とこのようなことのないよう、肝に銘じます。

「肝に銘じる」は強く心にきざみつけて忘れないようにすること。こちらの悪かった点を忘れずに、以後気をつけるという決意の表明です。

## 6 決意・対応策を示すフレーズ

取引先・お客様　上司・目上の人　同僚・知人

**以後、気をつけます。**

**二度とこのようなことはいたしません。**

**今後このようなことがないよう十分留意してまいります。**

例 ただちにチェック体制を強化し、二度とこのようなことはいたしません。

不手際の謝罪や経緯を説明する文のあとで、以後同じような間違いを起こさないという意思を伝える言い回しです。

取引先・お客様　上司・目上の人　同僚・知人

**改善に努めます。**

**再発防止に取り組んでまいります。**

例 現場スタッフのみならず統括責任者の教育も強化し、再発防止に取り組んでまいります。

問題が発生した経緯の説明や謝罪のあとに、同様の問題を起こさないような対策を立てるという決意を述べる文です。

## 7 許しを求めるフレーズ

取引先・お客様　上司・目上の人　同僚・知人

**お許しください。**

**お許し願います。**

**お許しくださいませ。**

例 このようなことが二度と起こらないように品質管理の方法を一新いたしますので、何卒お許し願います。

深刻なトラブルなどの場合にただ許しを請うのは失礼なので、こちらの非を認めて謝罪するフレーズも必要です。

取引先・お客様　上司・目上の人　同僚・知人

**ご容赦願います。**

**ご容赦くださいますよう、お願い申し上げます。**

例 お客様には大変ご不便をおかけいたしますが、何卒ご容赦くださいますよう、お願い申し上げます。

「容赦（ようしゃ）」は許すこと。大目に見るという意味もあります。「何卒（なにとぞ）」や「平に」を頭につけるとよりていねいで、強く願うニュアンスになります。

取引先・お客様　上司・目上の人　同僚・知人

**ご勘弁願います。**

**ご勘弁願えませんでしょうか。**

例 ご迷惑をおかけし、申し訳ございません。ほかの品物と交換いたしますので、ご勘弁願えませんでしょうか。

「勘弁」の意味のひとつが、他人の過失や、不利益をもたらす物事などを許すこと。
「ご勘弁願います」「ご勘弁願えませんでしょうか」は謝罪というよりも「許してほしい」という要望なので、謝罪の文は別に必要です。

取引先・お客様　上司・目上の人　同僚・知人

**ご寛容を賜りますよう伏してお願い申し上げます。**

**ご寛恕くださいますようお願い申し上げます。**

例 今後このようなことがないよう十分留意してまいります。ご寛容を賜(たまわ)りますよう伏してお願い申し上げます。

例 このたびの失態につきまして、何卒ご寛恕くださいますようお願い申し上げます。

「寛容」は広い心をもち、ほかを受け入れること。過ちなどを厳しく責めないという意味もあります。「寛恕(かんじょ)」も同様の意味です。

# 断り・辞退

## 断りのメールサンプルとポイント

### 依頼に対する断りのメール

取引先・お客様　上司・目上の人　同僚・知人

**件名：○○ご依頼の件です**

株式会社○○
販売部　○○様

いつも大変お世話になっております。
株式会社○○社の○○です。

先日は□□について、
弊社にご依頼いただきありがとうございました。

社内で検討を重ねましたが、
納期について折り合いがつかず、
不本意ながら今回はお受けすることができません。
せっかくお声がけいただいたのに申し訳ございません。

またの機会がございましたらぜひお願いいたします。

末筆ではございますが、
貴社のますますのご発展をお祈り申し上げます。

---

株式会社○○社　営業部　○○○○
〒000-0000　○○県○○市○○1－21－3
TEL：000-000-0000　FAX：000-000-0000
Email：○○○○@○○○○.co.jp
URL：http://○○○○.co.jp/

---

断りのメールの基本の形式は「お礼」→「断り」→「謝罪」→「次へつなげる」です。まず依頼に対してお礼をしたうえで、きちんと断り、受けられないことを謝罪。最後に次につながるフレーズを入れます。

POINT

まずは依頼してくれたことに対してお礼を述べます。

POINT

角が立たたないよう、断りの言葉の前にクッション言葉（➡P70、P316〜319）を入れます。この場合、「不本意ながら」がクッション言葉。

POINT

次につながるようなひと言を添えます。もちろん、ほかの提案ができる場合は具体的に書きましょう。

**ここが大切！**

断るときは相手に対して気遣いが欠かせません。表現もできるだけやわらかいものを選びます。ただし、断ることを濁さずはっきり伝えることも大切。相手が判断に困る曖昧（あいまい）な表現は避けます。

## 1 依頼・提案を断るフレーズ

取引先・お客様　上司・目上の人　同僚・知人

**お断りいたします。**

**お受けできません。**

**お受けすることができません。**

例 ありがたいお話ですがお断りいたします。別の案件が入っており申し訳ございません。

例 せっかくのご提案ですが、残念ながらその役割はお受けできません。

例 今月は出張が多いためスケジュールがつまっており、お受けすることができません。

社内でのイレギュラーな案件を打診されたときなど、はっきりわかりやすく断るフレーズです。とはいっても人間関係を円滑に保ちつつ断るためには、手短に理由も添えたほうがよいでしょう。理由を添えるときには、相手に仕方がないと思ってもらえるように書きましょう。クッション言葉（➡P70、P316～319）や謝罪の言葉を加えるのも有効です。

プラスα（アルファ）

断りメールを送るときは原則１人の相手に送ります。Ccを入れての一斉メールは避けましょう。相手の顔をつぶすことになりトラブルの元です。

取引先・お客様　上司・目上の人　同僚・知人

**辞退させていただきます。**

**ご辞退申し上げます。**

**遠慮いたします。**

**ご遠慮申し上げます。**

例 今回は見積り段階で辞退させていただきます。

例 現在の弊社の状況では貴社の条件を満たすことが難しく、ご辞退申し上げます。

「辞退」や「遠慮」といった自分の動作に「ご」をつけるのは不自然に感じるかもしれません。けれども、この「ご」は自分の動作に対してへりくだり相手に敬意を示すための謙譲語。「ご（お）～申し上げる」という、１つのフレーズとしての謙譲語なので二重敬語（➡P170）にはあたりません。「ご辞退（ご遠慮）申し上げる」は、断りの１つのフレーズとして覚えておきましょう。

そこまでへりくだる必要がない場合は、「辞退させていただきます」「遠慮いたします」が自然な表現です。

**プラスα（アルファ）**

「ご遠慮申し上げます」は新年のあいさつを断る場合にもよく使われます（「喪中につき新年のごあいさつをご遠慮申し上げます」など）。最近はメールですます場合も多くなっています。

取引先・お客様 | 上司・目上の人 | 同僚・知人

**お引き受けいたしかねます。**

**ご要望には沿いかねます。**

**ご希望には沿いかねます。**

例 テレビ出演の件ですが、お引き受けいたしかねます。

例 ○○様より詳細について伺いましたが、ご希望には沿いかねます。

「お引き受けできません」「ご要望に沿えません」などの断り言葉を少しやわらかくした表現。クッション言葉（➡P70、P316～319）やお詫びの言葉などを加えてさらにやわらかい表現にするとよいでしょう。

取引先・お客様 | 上司・目上の人 | 同僚・知人

**見送らせていただきます。**

**見合わせたいと思います。**

例 社内の事情により見送らせていただきます。

例 これ以上の増員は難しく、今回は見合わせたいと思います。

「見送る」は計画段階で断る場合に使用。「見合わせる」は実行段階に移行してから断る場合に使います。

取引先・お客様　上司・目上の人　同僚・知人

**今回はお役に立てそうにありません。**

**今回はお力になれそうにありません。**

**これ以上はお引き受けできそうにありません。**

**これ以上は力が及びません。**

例 ○○の分野については不勉強のため、今回はお力になれそうにありません。

例 スタッフを増やすことがかなわず、これ以上はお引き受けできそうにありません。

例 ご期待は大変うれしいのですが、これ以上は力が及びません。申し訳ございません。

自分の技量や力が及ばず無理だということを謙虚に断る場合のフレーズ。自分に対する相手の期待が高過ぎるときや、力以上のことを求められているときに使います。

これらのフレーズは「お役に立てず」「お力になれず」「力が及ばず」など謝罪の言葉に用いることもできます。

プラスα（アルファ）

「力がなく役に立てない」という断りを「役不足」と言い換えないよう注意。「役不足」は、その人に力があるのに与えられた役が軽過ぎるときに使う言葉です。言い換えるなら「力不足」が正解です。

## 2 納得してもらうフレーズ

取引先・お客様 | 上司・目上の人 | 同僚・知人

**ご容赦いただきたく存じます。**

**ご了承くださいますようお願い申し上げます。**

**ご理解いただければ幸いです。**

**お受けできないことになっております。**

例 弊社規定によりお受けできないことになっております。

さまざまなやりとりの末、最終的に断る場合のフレーズです。

取引先・お客様 | 上司・目上の人 | 同僚・知人

**またの機会にぜひお願いいたします。**

**これに懲りずにまたお声がけください。**

例 スケジュールの関係で今回はお引き受けすることができませんが、またの機会にぜひお願いいたします。

今回は断るものの、次の機会へとつなげたい場合に使うフレーズ。これに具体的な別案を加えられる場合はそれも書きます。

## 3 不参加を伝えるフレーズ

取引先・お客様 | **上司・目上の人** | **同僚・知人**

**欠席いたします。**

**参加を辞退いたします。**

例 その日は北海道に出張ですので、残念ながら参加を辞退いたします。

「欠席いたします」でもよいですが、「辞退いたします」のほうがていねい。辞退は人から勧められたことを遠慮して断ることなので、単語そのものに謙虚さがにじみ出ています。

**取引先・お客様** | **上司・目上の人** | **同僚・知人**

**参加できそうにありません。**

**出席がかないません。**

**都合がつきません。**

例 新店舗オープン日と重なっており出席がかないません。

気持ちとしては参加、出席したいけれどできないというニュアンスを込めたフレーズです。

## 4 断りのクッション言葉

取引先・お客様　上司・目上の人　同僚・知人

**申し訳ございませんが**

**大変恐縮ではございますが**

例 申し訳ございませんが、在庫切れのためご注文をお受けできません。

クッション言葉とは、きつい内容を伝えるときに少しでもやわらかく伝えるために添える言葉。文字どおりクッションのような役割をもつ言葉です。

たとえば、この「申し訳ございませんが」は代表的なクッション言葉。ビジネスシーンでは、「お忙しいところ申し訳ございませんが」など依頼のときに多用します。もちろん断りのメールでも使います。「申し訳ございませんが、○○できません」という定型文で、相手に失礼のないよう、依頼や誘いを受けられないことをお詫びします。

同様の使い方ができる「恐縮ではございますが」は、「恐縮ですが」のていねいな表現。「恐縮」は、迷惑をかけたり、厚意を受けたりして申し訳なく思うことです。

プラスα（アルファ）

ビジネスシーンで多く使われる「申し訳ございませんが」のフレーズ。このあとに「ご理解くださいますようよろしくお願いいたします」が続くと、ていねいで座りのよいフレーズになります。覚えておくと便利です。

| 取引先・お客様 | 上司・目上の人 | 同僚・知人 |
| --- | --- | --- |

**あいにく**

**あいにくですが**

**せっかくですが**

**申し上げにくいのですが**

例 あいにく、その日は都合が悪く伺えません。

例 あいにくですが、ご依頼の件はお引き受けできません。

例 せっかくですが、本日19時には全業務を終了させていただきます。

例 申し上げにくいのですが、当社規定によりイベントへの参加を控えさせていただきます。

「あいにく」は都合が悪くて残念という意味です。自分の都合を述べる場合の「あいにくですが」のほかに、相手の気持ちを思いやって「あいにくの雨ですね」などということもあります。

「せっかく」は努力したことや、わざわざという意味。「せっかくですが」は努力などが無駄になって残念に思うことを表します。

**プラスα（アルファ）**

「あいにく」の言葉は「おあいにくさま」というフレーズで耳にすることもあります。期待はずれを揶揄（やゆ）する言葉になるので、ビジネスシーンでは使わないよう注意しましょう。

取引先・お客様　上司・目上の人　同僚・知人

**残念ですが**

**不本意ながら**

**心苦しいのですが**

**勝手を申しますが**

**お気持ちは重々承知しておりますが**

**お気持ちはありがたいのですが**

例 誠に不本意ながら、不参加申し上げます。

例 大変心苦しいのですが、諸事情によりご要望にお応えすることができません。申し訳ございません。

例 勝手を申しますが、お引き受けすることはかないませんのでご了承ください。

例 お気持ちはありがたいのですが、私には大変荷が重くお受けできかねます。

自分の気持ちとは裏腹に断らざるを得ない場合があります。そこで便利なのが、クッション言葉。「不本意」には、自分の気持ちとは異なることという意味があります。

また、「お気持ちは重々承知しておりますが」「お気持ちはありがたいのですが」は相手の気持ちを慮（おもんぱか）ったフレーズ。「重々承知」は誰に対しても使える言葉なので、覚えておくと便利です。

取引先・お客様　上司・目上の人　同僚・知人

**身に余るお話ではございますが**

**ありがたいお話ではございますが**

**誠にもったいないお話ではございますが**

**せっかくのご厚意ですが**

**せっかくお申し出いただきましたが**

例 身に余るお話ではございますが、プロジェクトの責任者のお話は辞退させていただきたいと存じます。

例 誠にもったいないお話ではございますが、ご遠慮申し上げます。

例 せっかくのご厚意ですが、今回のコラボ商品のお話はお断りさせていただきます。

例 せっかくお申し出いただきましたが、貴社との新規お取引は見送らせていただきたく存じます。

自分にとって過分であるという意味をもつ「身に余る」。つまり、荷が重過ぎるということです。実績を評価してくれたことに感謝しつつ、依頼を断りたいときに使います。

「ご厚意」は思いやりという意味。ほとんど同じ意味で「ご配慮」というフレーズもあり「せっかくのご配慮ですが」と使えます。

いずれのクッション言葉も、取引先などとの関係を壊さずにていねいに断りたいときに用いる便利な言葉として覚えておきましょう。

# 催促

## 催促のメールサンプルとポイント

### 納品を催促するメール

取引先・お客様　上司・目上の人　同僚・知人

件名：販促ツール納期の確認

株式会社○○
販売部　○○様

お世話になっております。
株式会社○○の○○です。

○月○日に発注いたしました販促ツールですが、
本日現在まだ着荷を確認できておりません。
お忙しいところ恐れ入りますが、
現状について至急ご連絡をお願いいたします。

なお、販促ツールは○日からのキャンペーンで
使用するものです。
各営業所への配布に時間を要しますので、
困惑しております。

お忙しいところ大変恐縮ではございますが、
ご返信のほどよろしくお願い申し上げます。

なお、行き違いでご発送ずみの場合は、
申し訳ございませんがご一報をお願いいたします。

---

株式会社○○　営業部　○○○○
〒000-0000　○○県○○市○○１－21－３
TEL：000-000-0000　FAX：000-000-0000
Email：○○○○@○○○○.co.jp
URL：http://○○○○.co.jp/

---

初期の催促メールは詰問調にせず相手の事情も配慮したソフトなトーンでまとめます。催促を繰り返さざるを得ない状況になったら、はっきりとこちらの困惑ぶりを伝え、迅速な対応を要求しましょう。

POINT

催促メールをすぐに開いてもらえるように、内容を把握してもらいやすい件名をつけましょう。

POINT

「確認できていない」は、先方に非があるとは限らないという含みをもたせた、ソフトな表現です。

POINT

納品を急いでもらいたい事情を述べることで、相手の迅速な行動を促します。

POINT

納品物の発送と催促メールが行き違いになる可能性もあるので、配慮するフレーズを入れます。

**ここが大切！**

催促のメールを送る前に、こちらからの以前のメールがきちんと送信されているかどうか、先方からのメールの見落としがないかどうかを確認しましょう。

## 1 状況を尋ねるフレーズ

| 取引先・お客様 | 上司・目上の人 | 同僚・知人 |
|---|---|---|

**その後いかがでしょうか。**

**いかがなりましたか。**

**どのような状況でしょうか。**

**状況をお知らせください。**

**進捗状況はいかがでしょうか。**

例 お願いしているデータの取りまとめの件ですが、その後いかがでしょうか。

例 作業計画書作成の進捗状況はいかがでしょうか。ご連絡をお待ちしております。

依頼している物事の進み具合などを問い合わせる際の表現。「その後いかがでしょうか」「いかがなりましたか」は、「どうなっているか知りたい」「最近報告がないので返信がほしい」といった気持ちをやわらかく表現しています。目上の人にも使いやすい言い回しです。

「状況」という言葉を使ったストレートな表現は、必ず状況報告をするようにという催促のニュアンスを含んでいます。「進捗(しんちょく)状況は～」の「進捗」は進み具合やはかどり（捗り）具合という意味です。

文末に「行き違いでご連絡をいただいておりましたら申し訳ございません」とつけ加えると、よりソフトな表現になります。

取引先・お客様 | 上司・目上の人 | 同僚・知人

**届いておりますでしょうか。**

**ご覧になりましたか。**

例 先日、日程調整用のアンケートを送付いたしましたが、届いておりますでしょうか。

メールや品物が届いているかの確認。こちらからのメールが届いているかを問い合わせる形をとって返信を催促する言い回しとしても使えます。

取引先・お客様 | 上司・目上の人 | 同僚・知人

**ご高覧いただけましたか。**

「高覧(こうらん)」は見ることの尊敬語。見たかどうかを目上の人に問いかけるフレーズ。

取引先・お客様 | 上司・目上の人 | 同僚・知人

**いかがされたものかと案じております。**

例 その後ご連絡をいただいておりませんが、いかがされたものかと案じております。

納品や返信が遅れている相手を心配する形で、やわらかく催促します。

## 2 対応を求めるフレーズ

| 取引先・お客様 | 上司・目上の人 | 同僚・知人 |
| --- | --- | --- |

いま一度のご確認をお願いいたします。

いま一度ご確認いただけますか。

いま一度ご確認いただけますでしょうか。

いま一度ご確認いただけますと幸いです。

再度ご確認をお願いいたします。

いま一度ご確認のほど、よろしくお願いいたします。

再度ご確認くださいますよう、お願い申し上げます。

例 見積書を訂正いたしましたので、いま一度のご確認をお願いいたします。

例 疑問点を追記したファイルを送付いたしますので、再度ご確認くださいますよう、お願い申し上げます。

書類などに間違いがないかどうか念入りにチェックしてほしい場合や、こちらからの問い合わせへの回答に不備があったため再確認を求める場合などに使うフレーズです。「いま一度」は「もう一度」という意味。
「ご確認のほど～」の「ほど」は断定を避けてソフトな表現にする語。「ご確認くださいますよう～」は「確認してください」のていねいな表現です。

取引先・お客様 | 上司・目上の人 | 同僚・知人

**再送いたしますので、ご査収のほど、よろしくお願いいたします。**

**いま一度ご査収くださいますよう、お願い申し上げます。**

**再度ご査収くださいますよう、よろしくお願い申し上げます。**

**いま一度ご高覧賜りますよう、よろしくお願い申し上げます。**

**再度お目通しのほど、よろしくお願い申し上げます。**

**確認のためお目通しいただければ幸いです。**

例 ご回答をいただけなかったアンケートを再送いたしますので、ご査収のほど、よろしくお願いいたします。

例 修正した企画書に問題がなければ、プレゼンで使用いたします。確認のためお目通しいただければ幸いです。

「いま一度ご確認のほど、よろしくお願いいたします」と同様の意味をもつ、あらたまった表現です。目上の人や取引先などへのメールで使えますが、ていねいさを重視するなら「申し上げます」や「幸いです」といったへりくだった表現を用いましょう。

「査収（さしゅう）」は、よく調べて受け取ること。「高覧（こうらん）」は「見ること」の敬語表現です。「お目通し」は、目上の人が全体的に目を通すこと。

| 取引先・お客様 | 上司・目上の人 | 同僚・知人 |
| --- | --- | --- |

**お返事をいただけていないようです。**

**何らご連絡がありません。**

**確認ができておりません。**

例 先週、事業計画書に関する問い合わせをさせていただいた件ですが、お返事をいただけていないようです。

例 状況報告をお願いしましたが、何らご連絡がありません。

例 昨日が締切ですが、原稿の確認ができておりません。

「お返事を～」は、遠回しな言い方で返事を求めています。「何らご連絡～」も催促のための言い回しですが、問い詰めるニュアンスが強い表現です。「確認が～」は、「依頼したものが届いていない」と断言することを避け、「自分が確認できていない」という遠回しな言い方で催促するフレーズ。

| 取引先・お客様 | 上司・目上の人 | 同僚・知人 |
| --- | --- | --- |

**～ておりませんが、いかがなりましたでしょうか。**

例 審査結果のご連絡をいただいておりませんが、いかがなりましたでしょうか。

「いかがなりましたでしょうか」は「どうなりましたか」のやわらかい表現。目上の人や取引先への問い合わせに適した言い回しです。

## 3 早急な対応を求めるフレーズ

取引先・お客様　上司・目上の人　同僚・知人

**すぐにご対応ください。**

**すぐにご連絡ください。**

**至急ご連絡をお願いいたします。**

例 お客様から再度お問い合わせがありました。すぐにご対応ください。

例 昨日までに納品予定の商品はどうなっておりますでしょうか。至急ご連絡をお願いいたします。

以前から催促しているのに対応してもらえないケースで、いよいよ事態が切迫してきたときに使うフレーズ。ソフトな表現や遠回しな表現などはせず、ストレートに対応を迫るものです。

取引先・お客様　上司・目上の人　同僚・知人

**本日現在まだ（本日○月○日になっても）〜**

例 本日現在まだご入金いただいておりません。

相手側にミスや遅れなどがあることを確認したうえで連絡していることを印象づけるフレーズ。相手に期日を強く意識させて約束の実行を促します。

## 4 たびたびの催促フレーズ

取引先・お客様 | 上司・目上の人 | 同僚・知人

**何度も失礼します。**

**たびたびのご連絡失礼いたします。**

例 お忙しい中、たびたびのご連絡失礼いたします。○○の件、その後いかがでしょうか。

取引先・お客様 | 上司・目上の人 | 同僚・知人

**先日、メールにてお送りした○○の件ですが～**

**～について確認できていないため、ご連絡いたしました。**

**送信トラブルの可能性もあるため、念のため再送させていただきます。**

例 ○月○日にメールで返信を依頼したアンケートについて確認できていないため、ご連絡いたしました。

先方からの返信がない場合、こちらからのメールが届いていない可能性もあります。仮に届いているという確信があっても、再送する形でやんわりと相手に対応を催促することもできます。

## 5 困惑を伝えるフレーズ

取引先・お客様 / 上司・目上の人 / 同僚・知人

**とても困っております。**

**大変困惑しております。**

**大変困惑いたしております。**

**苦慮しております。**

**苦慮している次第です。**

**途方に暮れております。**

例 再三お願いしたにもかかわらず資材が届いていないため、大変困惑しております。

例 ご指示がないまま作業を開始しておりますが、どうしたものかと苦慮している次第です。

例 期日を過ぎておりますが、何度ご連絡してもご返信がなく、途方に暮れております。

「困惑」は、どうしたらよいのか迷い困ること。「苦慮」は、苦心していろいろ考え、思い悩むこと。「途方に暮れる」は、方法や手段がなくてどうしたらよいかわからなくなること、呆然とすること。

微妙なニュアンスの違いはありますが、こちらの困惑ぶりを訴えかけることで、相手が態度を改めてくれることを期待するフレーズです。

## 6 返信を求めるフレーズ

取引先・お客様　上司・目上の人　**同僚・知人**

**お返事ください。**

例 急で申し訳ありませんが、明日の朝までにお返事ください。

同僚や、上下関係を気にしなくてよい知人に返信を求めるなら、この程度の丁寧語で大丈夫でしょう。

**取引先・お客様　上司・目上の人　同僚・知人**

**お返事をお待ちしております。**

**お返事いただけませんでしょうか。**

**お返事いただければ幸いです。**

**ご回答いただきますようお願い申し上げます。**

**ご連絡いただければ幸いです。**

例 先日お願いいたしました記載事項のチェックの件はいかがでしょうか。お返事をお待ちしております。

目上の人や外部の人に返信を依頼する場合は「返事をください」という直接的な表現は避け、ていねいでへりくだった言い回しにしましょう。

# 7 催促のクッション言葉

取引先・お客様 | 上司・目上の人 | 同僚・知人

**お忙しいところ恐れ入りますが**

**ご多用中のところ大変恐縮ですが**

例 お忙しいところ恐れ入りますが、ご対応のほど、よろしくお願いいいたします。

取引先・お客様 | 上司・目上の人 | 同僚・知人

**急かすようで申し訳ございませんが**

**誠に勝手なお願いで恐縮ですが**

**何かの手違いかとも存じますが**

例 急かすようで申し訳ございませんが、明日までに配送手続きをお願いいたします。

例 何かの手違いかとも存じますが、いま一度ご確認のうえ、ご一報いただけると幸いです。

「こちらの都合で無理なお願いをして申し訳ありません」というニュアンスの表現。「何かの～」はトラブルで相手の対応が遅れている可能性を含んだ表現で、相手を責めるニュアンスをやわらげます。

# 抗議・反論

## 抗議 のメールサンプルとポイント

### 対処を求めるメール

取引先・お客様　上司・目上の人　同僚・知人

**件名：ご発送いただいた○○の件です**

株式会社○○
営業部　○○様

いつも大変お世話になっております。
株式会社○○の○○です。

先日は□□をご発送いただきありがとうございました。
○月○日に50個、受領いたしました。

しかしながら、２つの外箱に破損がありました。
このままでは○月○日のお客様へのお届けに
間に合いませんので、
速やかに調査のうえ、善処していただきたく存じます。

お忙しいところ大変恐縮ですが、
どうぞよろしくお願い申し上げます。

株式会社○○　営業部　○○○○
〒000-0000　○○県○○市○○１－21－３
TEL：000-000-0000　FAX：000-000-0000
Email：○○○○@○○○○.co.jp
URL：http://○○○○.co.jp/

抗議や反論のメールは感情的にならないようにすることが大切。何に対しての反論か、何に困っているのか、どのような対処を望んでいるのかを具体的に書きます。あいさつや締めの言葉も礼儀を失わないようにしましょう。



POINT

まずは相手がしてくれたことに対してお礼を述べます。

POINT

感情的な表現は使わず、具体的な事実を端的に書きます。そのうえで、こちらの事情やスケジュールなどを述べます。

POINT

抗議のメールであっても、あくまでもていねいに締めくくります。

プラスα（アルファ）

対処を求める際は、相手が対策を施すスケジュールも考えてなるべく早くメールします。スピードを考えると電話でもよいくらいですが、数字や日時に行き違いがないよう必ずメールもしておきましょう。

## 1 抗議のフレーズ

取引先・お客様 | 上司・目上の人 | 同僚・知人

**誠に困惑するばかりです。**

**甚だ困惑しております。**

**当惑しております。**

例 ○月○日ご返済のお約束でしたが、○日現在ご入金いただいておりません。弊社といたしましては、誠に困惑するばかりです。

相手が約束を反故(ほご)にしたときなど、困っていることを伝えるフレーズ。「誠に」は実に、本当に、まさにという意味、「甚だ(はなは)」は非常に、ひどくという意味で、困っていることを強調する言葉です。
「当惑」は事にあたってどうしてよいかわからず戸惑うという意味です。事情が飲み込めなくて困っている場合などに使います。「困惑」はやっかいごとをもち込まれて困っている場合などに使うので、「当惑」のほうが少しやわらかい印象になります。

**プラスα(アルファ)**

「甚だ」は非常にという意味。「甚だ遺憾」「甚だ不便」「甚だ疑問」「甚だ不愉快」などネガティブな言葉につけることが多く、「甚だ感謝」などという使い方はしません。だいたいセットになる言葉は決まっているので、覚えておくとよいでしょう。

取引先・お客様 | 上司・目上の人 | 同僚・知人

**支障をきたしております。**

**非常に迷惑を被っております。**

**信用に関わる事態になっております。**

**対処が困難な状況になっております。**

例 貴社よりリースしている○○ですが、たびたび不具合を起こすため業務に支障をきたしております。

例 注文していた製品○○の数が足りず、非常に迷惑を被っております。

例 お願いしていました○○が、○日現在まだ届いておらず、信用に関わる事態になっております。

実際に迷惑が発生していることに対する抗議のフレーズです。

「支障をきたす」は物事のスムーズな運行が妨げられるときに使います。ビジネスでよく使う表現ですが、「心身に支障をきたす」「生活に支障をきたす」などの使い方もあります。

なお、「支障をきたす」「支障を生じる」「支障がある」とはいいますが、「支障を及ぼす」とはいいません。

「被る」はこのフレーズの場合、「こうむる」と読みます。身に受けるという意味で、「損害を被る」「天罰を被る」などと使います。

ちなみに、「被る」にはほかに「かぶる」という読み方もあります。こちらは頭や顔などを覆うという意味となり、「帽子を被る」「お面を被る」などと使います。

取引先・お客様 | 上司・目上の人 | 同僚・知人

**甚だ遺憾に存じます。**

**誠に遺憾に思っております。**

例 先日お願いした件ですが、期日までにご回答をいただけず、誠に遺憾に思っております。

「遺憾」には期待どおりではなくて残念という意味があります。自分ができなかったことを残念に思う場面でも、相手がしてくれなかったことを残念に思う場面でも使います。

取引先・お客様 | 上司・目上の人 | 同僚・知人

**納得しかねることです。**

**承服いたしかねます。**

**受け入れがたいです。**

例 ○○さんの案については、今回は承服いたしかねます。

例 そのようなご指示は受け入れがたいです。

いずれも似たような意味で、受け入れることはできないという拒絶を表しています。強めの言葉になるので、むやみには使えませんが、きっぱり意思表明したい場合には便利です。

## 2 対処を求めるフレーズ

取引先・お客様 | 上司・目上の人 | 同僚・知人

**ご配慮ください。**

**速やかに善処していただきたくお願い申し上げます。**

**迅速な対処をお願い申し上げます。**

**早急に事態を改善していただけますよう、お願い申し上げます。**

例 ○月○日に契約書をお送りさせていただきましたが、まだご返送いただけていないようです。迅速な対処をお願い申し上げます。

取引先・お客様 | 上司・目上の人 | 同僚・知人

**ご再考のほど、お願い申し上げます。**

例 この条件ではお受けできかねます。○○の点についてご再考のほど、お願い申し上げます。

ここでは相手の言い分を飲めないという理由で再考を促しています。抗議・反論のフレーズとしてはソフトな印象。

## 3 措置を伝えるフレーズ

取引先・お客様　上司・目上の人　同僚・知人

**何らかの措置を取らざるを得ないと存じます。**

**しかるべき措置を取らせていただきます。**

例 ○月○日までに納得のいくご回答を得られない場合は、何らかの措置を取らざるを得ないと存じます。

例 ○○の件につきまして、今後の推移次第では、しかるべき措置を取らせていただきます。

何度かの交渉を経て最後の通告ともいえるフレーズです。「措置」は決着をつけるために必要な手続きを取る、取り計らって始末をつける、という意味です。

「しかるべき」には、適切な、ふさわしいなどの意味があります。

プラスα（アルファ）

これら最終的な通告のことを「最後通牒（つうちょう）」あるいは「最後通告」ということがあります。

そもそもは外交文書のひとつで、最終的な要求を文書で提示し、受け入れられなければ交渉を打ち切るという意思表明のことです。国家間では敵対する相手国に対して行うもので、受諾しなければこのあとは武力行使に移るという意味もあります。

ビジネスメールで使う場合も、このあとは争う用意があるという意味になります。

## 4 回答を求めるフレーズ

取引先・お客様 | 上司・目上の人 | 同僚・知人

**誠意あるご回答を賜りたくお願い申し上げます。**

**真摯なご回答を賜りたくお願い申し上げます。**

**何ぶんのご回答をお待ち申し上げます。**

**確たるご返答をお待ち申しております。**

**期日までのご回答をお待ち申しております。**

例 先日お問い合わせいたしました○○について、再度ご連絡いたしました。誠意あるご回答を賜(たまわ)りたくお願い申し上げます。

例 ○○の件につきまして期日が過ぎております。至急、確たるご返答をお待ち申しております。

回答を求めるフレーズです。「至急」という言葉を入れたり、期日を入れたりするほか、すでに複数回求めている場合はそのことに触れるのもよいでしょう。「誠意あるご回答」「真摯なご回答」というフレーズは、正直で真面目な回答がほしい場合に使います。

「何ぶんの」は、はっきりはしないけれど、何かしらの回答はほしいということ。「確たる」はゆるがない、しっかりしたなどの意味で使う言葉です。

なお、最後の通告とする場合は、「万一、期日までにご回答のない場合は～」というフレーズを使うとよいでしょう。

## 5 反論のフレーズ

取引先・お客様　上司・目上の人　同僚・知人

**大変失礼かとは存じますが**

**そのような考え方もあるとは存じますが**

**申し上げにくいのですが**

**お言葉を返すようですが**

例 大変失礼かとは存じますが、○○について仕様をお間違えではないでしょうか。

例 誠に申し上げにくいのですが、現時点では納期の前倒しはかなり難しい状況です。

例 お言葉を返すようですが、弊社としましては再三確認を取ったうえで、すでにA案で進めております。

相手の言い分を否定し、こちら側の意見を伝えるためのクッション言葉です。相手が間違えているときや無茶な要求をしているとき、言い分に納得できないときなどに使います。

プラスα（アルファ）

はっきりと反論を伝えなくてはいけないときだけに使うフレーズです。ただ、まわりくどい印象を与える言葉でもあります。「お言葉を返すようですが、もう一度確認させてください」などとは使わないように。

取引先・お客様　上司・目上の人　同僚・知人

**差し出がましいようですが**

**僭越ながら**

**おこがましいことですが**

**出過ぎたことですが**

**身の程をわきまえず申し訳ありません。**

例 差し出がましいようですが、○○についてはすでにご提案させていただきました。

例 僭越ながら、私の意見を述べさせていただいてもよろしいでしょうか。

どのフレーズも、自分の身分や立場を超えて出過ぎたことをするという意味があります。目上の人に反論するときのほか、お願いするときも覚えておいて損はない言葉。「僭越（せんえつ）ながら」は、本来別の人がやる役目を自分がでしゃばって行うときに使います。相手の意見に同意できないとき、「僭越ながら意見を述べさせていただきます」とひと言添えると角が立ちにくくなります。

「僭越ながら」はメールでも使えますが、話し言葉で使うほうが多いかもしれません。「僭越ながら、本日私が司会を務めさせていただきます」「僭越ながら、乾杯の音頭を取らせていただきます」など。

# 相談・問い合わせ

## 相談 のメールサンプルとポイント

### 製品について相談するメール

取引先・お客様　上司・目上の人　同僚・知人

件名：貴社製品□□導入に関するご相談

株式会社○○
□□販売ご担当様

初めてご連絡いたします。
株式会社○○の○○と申します。

貴社ホームページを拝見しご連絡いたしました。
現在、弊社内にて□□の導入を検討しております。

今後、社内で具体的な検討をするにあたり、
以下のとおり質問させていただきたく存じます。

1.○○○○
2.○○○○
3.○○○○

以上、３点となります。
お手数をおかけいたしますが、
○月○日までにご教示いただけますと幸いです。

---
株式会社○○　営業部　○○○○
〒000-0000　○○県○○市○○１－21－３
TEL：000-000-0000　FAX：000-000-0000
Email：○○○○@○○○○.co.jp
URL：http://○○○○.co.jp/

---

相談・問い合わせのメールの送り先はさまざまで、初めての相手に送付することもあります。相手から返信をもらうことが前提なので、件名や書き出しの部分をわかりやすくし、相手の負担を減らしましょう。

POINT

相談メールであることがすぐわかるタイトルにすれば、先方の担当者が不明の場合でも、しかるべき担当者に転送してもらいやすくなります。

POINT

メールの冒頭で、こちらの希望の概要をわかりやすく提示します。

POINT

質問が多岐にわたる場合は、箇条書きにするなどの工夫で、先方が理解しやすいよう配慮します。

POINT

確実にアクションを起こしてもらうには、急ぎの用件でなくても期日を指定するのがおすすめです。

ここが大切！

相談内容を具体的に述べるのはもちろん、相手に求める行動も具体的に書くようにするのが大切。そうしないと確認のためのメールが何往復も必要になってしまいます。

## 1 相談のフレーズ

取引先・お客様　上司・目上の人　同僚・知人

**～についてご相談がございます。**

**ご相談事項が○点ございます。**

例 新規開発についてご相談がございます。

例 来年度の営業所の移転に関して、ご相談事項が３点ございます。

相談するにあたり、何に関する相談かを簡潔に述べる前置き的な言い回し。「相談事項が○点～」は内容が整理されているため理解しやすいでしょう。

取引先・お客様　上司・目上の人　同僚・知人

**ご相談したい点があり**

**これはご相談なのですが**

例 先日いただいた企画案についてご相談したい点があり、メールいたしました。

例 これはご相談なのですが、販売チャネルをあえて絞り込むという方法も考えられます。いかがでしょうか。

すでに何らかの話を進めている段階で、取引内容の変更など、さらに相談したいことがあるときに使うフレーズです。

取引先・お客様 | 上司・目上の人 | 同僚・知人

**ご相談に乗っていただけないかと**

**ご相談のお時間をいただきたく**

例 スタッフの教育について、ご相談に乗っていただけないかと考えております。

例 研修制度の活用についてご相談のお時間をいただきたく、メールを差し上げた次第です。

相談に応じてほしいという依頼。時間を割いてもらうことになるので、目上の相手や多忙な相手には、このような低姿勢な表現で依頼するようにしましょう。

取引先・お客様 | 上司・目上の人 | 同僚・知人

**追ってご相談させていただきます。**

例 次期開発製品の概要は添付の資料のとおりです。詳細なスペックにつきましては、追ってご相談させていただきます。

例 ご注文いただいた○○の納期については、追ってご相談させていただきます。

「細かい部分については決定後に連絡したい」「不明な点はもち帰って検討したい」といった場合に、「とりあえず現時点での状況をメールし、また連絡する」という意思表示のフレーズです。

## 2 問い合わせのフレーズ

取引先・お客様 | 上司・目上の人 | 同僚・知人

**伺います。**

**お聞きします。**

**お聞きしたいことがございます。**

例 先日の報道について伺います。

例 業務内容についてお聞きしたいことがございます。

「伺う」は「尋ねる」「問う」の謙譲語です。「お伺いします」は「伺う」と「お～する」の二重敬語なので、「伺います」で十分です。「お聞きする」も「質問する」の謙譲語で、ていねいな表現です。

取引先・お客様 | 上司・目上の人 | 同僚・知人

**ご照会いたします。**

**照会させていただきます。**

例 請求内容について照会させていただきます。

「照会」は問い合わせて確かめること。「身元を勤め先に照会する」といった使い方をするやや硬いイメージの語で、社内メールではあまり使いません。

取引先・お客様 | 上司・目上の人 | 同僚・知人

**お問い合わせいたします。**

**質問させていただきます。**

**お尋ねいたします。**

**いかがでしょうか。**

例 来期の経営方針に関してお尋ねいたします。

例 事業の今後の見通しはいかがでしょうか。

不明点などを問いただすフレーズ。いずれも目上の人へも使えるていねいな表現となります。「いかがでしょうか」は様子や状況、感想などを尋ねる際の改まった言い方です。

取引先・お客様 | 上司・目上の人 | 同僚・知人

**～について改めて確認したい点がございますので**

例 プレゼン内容について改めて確認したい点がございますのでメールいたしました。

ヒアリングや質問を重ねたうえで、さらに聞きたいことがあるという言い回し。相手に負担をかけることになるので、「お手数をおかけいたしますが、よろしくお願いいたします」といった言葉で相手を気遣いましょう。

## 3 教えてもらうフレーズ

**取引先・お客様** | 上司・目上の人 | 同僚・知人

**お教え願います。**

**～について教えていただきたく存じます。**

**お聞かせいただきたく存じます。**

例 製品のセールスポイントをお教え願います。

例 貴社の経営理念をお聞かせいただきたく存じます。

取引先やお客様へのメールで使える表現ですが、関係が近い直属の上司へのメールで使うには、ていねい過ぎて不自然です。

**取引先・お客様** | **上司・目上の人** | 同僚・知人

**ご教示いただけないでしょうか。**

**お知恵を拝借できれば幸いです。**

例 システムの概要をご教示いただけないでしょうか。

例 プログラムの制作にあたり、お知恵を拝借できれば幸いです。

いずれも目上の人に教えを請うへりくだった表現です。「教示」は知識や方法などを教え示すこと。ほとんどの場合「ご教示」で使われます。

## 4 認識を確認するフレーズ

取引先・お客様 | 上司・目上の人 | 同僚・知人

**〜という理解でよろしいでしょうか。**

**〜で問題ないでしょうか。**

**〜で間違いないでしょうか。**

情報の共有がしっかりできているかどうかを確認するフレーズです。

取引先・お客様 | 上司・目上の人 | 同僚・知人

**ご不明点はございませんでしょうか。**

**確認させていただきたいのですが**

「ご不明点〜」は、説明後に不明点がないかどうかを相手に尋ねる表現。「確認〜」は、不明点の解決や、自分の理解が正しいかどうかの確認のため。

取引先・お客様 | 上司・目上の人 | 同僚・知人

**〜ということですね。**

「雨天決行ということですね」といった使い方で、認識を確認してもらう表現。

## 5 回答を願うフレーズ

取引先・お客様 / 上司・目上の人 / 同僚・知人

**ご回答のほどお願いいたします**

**ご回答いただければ幸いです。**

**ご一報くださいますようお願い申し上げます。**

**～についてご提示いただけますか。**

例 下記のアンケートにご回答のほどお願いいたします。

例 お忙しい中恐縮ですが、ご回答いただければ幸いです。

例 企画の修正案についてご提示いただけますか。

低姿勢でていねいなフレーズです。「提示」は差し出して見せること。身近な上司や目上の人、同僚・知人には、「ご回答願います」でも。

取引先・お客様 / 上司・目上の人 / 同僚・知人

**ご内報を賜りたくお願い申し上げます。**

例 以下の3項目についてご内報を賜（たまわ）りたくお願い申し上げます。

「内報」の意味は、内々に知らせること、またその知らせ。ビジネスでは前職での勤務状況や取引先の評判などを密かに知らせる場合に使われます。

## 6 日程調整のフレーズ

| 取引先・お客様 | 上司・目上の人 | 同僚・知人 |
|---|---|---|

ご都合を伺いたく～

ご都合のよい日時を何点かご提示ください。

○月○日（月）～○日（金）の間で、ご都合のよい日時を～

2、3候補日を挙げていただき～

次の候補日のご都合はいかがでしょうか。

次のいずれかの日でお願いできれば～

現段階で対応可能な日は以下のとおりです。

上記日程以外でも調整可能ですので～

例 ○月○日（月）～○日（金）の間で、ご都合のよい日時をご提示いただければ幸いです。

商談の日程などを決める際に、先方の都合をヒアリングする際のフレーズ。先方に都合のいい日時をいくつか挙げてもらってから調整するやり方と、こちらから候補日をいくつか挙げて先方に選んでもらうやり方のどちらかを採用するのが一般的です。

取引先・お客様　上司・目上の人　同僚・知人

**再調整させていただくことになりました。**

**○月○日（○）に変更をお願いできないでしょうか。**

例 打ち合わせの日程を再調整させていただくことになりました。

例 販売会議ですが、○月○日（○）に変更をお願いできないでしょうか。

いったん決定した日程を変更したい場合のフレーズです。相手にスケジュール調整の負担をかけることになるので、ていねいな文で依頼します。

取引先・お客様　上司・目上の人　同僚・知人

**下記の調整サイトにご都合をご記入ください。**

**皆様の日程調整をさせていただきたく～**

**ご予定もおありかと存じますが～**

例 ご予定もおありかと存じますが、ご協力のほどよろしくお願いいたします。

複数の人の日程調整で用いるフレーズです。複数の人の都合を合わせる必要がある場合、調整サイトなどの活用も一案です。多人数になるほど調整が難しくなるので、調整期間にも余裕をもたせるとよいでしょう。

## 7 相談・問い合わせのクッション言葉

| 取引先・お客様 | 上司・目上の人 | 同僚・知人 |
|---|---|---|

**伺いたいことがあるのですが**

**お時間いただき恐縮ですが**

**ご迷惑でなければ**

**差し支えなければ**

例 少々伺いたいことがあるのですが、お電話してもよろしいでしょうか。

例 お時間いただき恐縮ですが、導入事例についてお聞かせください。

例 ご迷惑でなければ、何卒ご出席くださいますようお願いいたします。

例 差し支えなければ、ご住所・ご連絡先を伺ってもよろしいでしょうか。

相談・問い合わせのメールでは、相手に行動を起こしてもらうことに対して礼儀を尽くさなければなりません。

「伺いたいことが～」や「～恐縮ですが」は、へりくだった表現。依頼の文があとに続きます。

「ご迷惑～」「差し支(つか)え～」は、相手が負担に感じなければお願いしたいことがあるという言い回しです。決して強制ではなく相手に決定権があるという含みをもたせた、低姿勢なクッション言葉です。

# 案内・報告・お知らせ

## 案内 のメールサンプルとポイント

### 新製品発表会の案内メール

取引先・お客様　上司・目上の人　同僚・知人

件名：新製品『□□□□』発表会のご案内（○月○日）

株式会社○○
販売部　○○○○様

いつも大変お世話になっております。
株式会社○○の○○です。

弊社は○月○日に新製品『□□□□』を発売する運びとなりました。
従来品よりも機能性、デザイン性を高め、
大幅な省エネも実現しております。

つきましては、製品の発表会を開催いたしますので
下記のとおりご案内いたします。
ぜひ、お立ち寄りいただきたくお願い申し上げます。

1．日時　20XX年○月○日（水）～○日（金）　10:00 ～ 17:00
2．会場　産業会館B1階 小ホール（○○線○○駅より徒歩５分）
3．内容　製品展示、説明会、実演
4．問い合わせ先：株式会社○○　担当 △△（電話：03-XXXX - XXXX）
※詳細は別添資料「新製品『□□□□』の発表会について」をご確認ください。

■ご参加の可否について
○月○日（○）までにご返信をお願いいたします。

ご来場を心よりお待ち申し上げます。
どうぞよろしくお願いいたします。

---

株式会社○○　営業部　○○○○
〒000-0000　東京都○○区○○１－21－３
TEL：03-0000-0000　FAX：03-0000-0000
Email：○○○○@○○○○.co.jp
URL：http://○○○○.co.jp/

---

できるだけ多くの人に参加を促すのが案内メールの目的です。メールの時期が開催日の直前だと、相手のスケジュール調整が難しくなるので、遅くとも2週間前には出すようにしましょう。

POINT

件名は簡潔で内容がひと目で伝わるようにします。日付は必須ではありませんが、参加できるかどうかの判断がしやすいので親切です。

POINT

案内の内容をずらずら書き連ねるのではなく、情報を整理して箇条書きにするのが基本です。

POINT

製品や発表会の内容、会場へのアクセスの詳細などを添付ファイルにまとめます。ファイルの添付漏れはメール再送の手間がかかるだけでなく、受け取る側の手間もかかるので、絶対に避けましょう。

POINT

参加の可否を尋ねる場合は、期日を指定して相手の行動を促しましょう。

**ここが大切！**

確実に出席してほしい相手には、開催日の2、3日前にリマインドメールを送るのがおすすめです。

## 1 開催の案内フレーズ

| 取引先・お客様 | 上司・目上の人 | 同僚・知人 |
| --- | --- | --- |

**開催いたしますので〜**

**開催する運びとなりました。**

**実施することになりましたので〜**

**〜を開きますので**

**〜の開催日程が下記のとおり決まりました。**

**ご案内いたします。**

**お知らせかたがたお願い申し上げます。**

例 弊社主催のワークショップについてご案内いたします。

例 懇親会にご参加くださいますよう、お知らせかたがたお願い申し上げます。

「開催する運び〜」の「運び」は物事の進んでいく具合のこと。「運びとなりました」には、準備などいろいろなことがあった末に開催にこぎつけたという感慨が込められていることが多いです。

「お知らせかたがた〜」の「かたがた」には、2つの動作を兼ねて行うという意味があり、全体では「お知らせがてらお願いをする」(お知らせを兼ねてお願いをする)という意味の言い回しとなります。

## 2 参加のお願いフレーズ

取引先・お客様　上司・目上の人　同僚・知人

ぜひご出席（ご参加）ください。

ご出席願います。

ご参加お待ち申し上げます。

どうぞお気軽にお越しください。

ふるってご参加ください。

皆様お揃いで～

皆様お誘い合わせのうえ～

例 下記の要領で同期会を開催いたします。皆様ふるってご参加ください。

例 皆様お誘い合わせのうえ、ご出席くださいますようご案内申し上げます。

「ご出席願います」は正しい敬語表現ですが、目上の人に使うには、出席前提での声かけが強くみえてしまうかもしれません。気になるようなら、「ご出席願えませんか」など疑問形に。

「ふるってご参加～」の「ふるって」は「自分から進んで、積極的に」という意味。イベントなどへの参加を呼びかける定番のフレーズです。

| 取引先・お客様 | 上司・目上の人 | 同僚・知人 |
|---|---|---|

**ぜひお運びくださいますようお願い申し上げます。**

**ご出席を賜りますようご案内申し上げます。**

例 ご多用中とは存じますが、ぜひお運びくださいますようお願い申し上げます。

どちらの表現も非常にていねいで、目上の人や社外の人に参加を呼びかけるのにふさわしい、かしこまった表現です。「お運び」は「行くこと」「来ること」の尊敬語です。「お運びください」は「来てください」という意味。「してもらう」の謙譲語の「賜（たまわ）る」を使った表現は格式を感じさせます。

| 取引先・お客様 | 上司・目上の人 | 同僚・知人 |
|---|---|---|

**万障お繰り合わせのうえ〜**

**ご都合よろしければ〜**

**よろしくご検討のうえ〜**

例 万障お繰り合わせのうえ、ご出席くださいますようお願い申し上げます。

「万障（ばんしょう）お繰り合わせのうえ〜」は、不都合な事情や支障があるかもしれないが、やりくりして都合をつけてほしいという表現です。

## 3 出欠の確認フレーズ

| 取引先・お客様 | 上司・目上の人 | 同僚・知人 |
| --- | --- | --- |

**出欠のお返事を～**

**出欠についてご返信をお願いいたします。**

**出欠のご回答をお願いいたします。**

例 出欠のお返事を○月○日までにお願いいたします。

メールで出欠の連絡をもらう際のフレーズ。「出欠のお返事を～」をはじめ、一般的に使われている表現です。

| 取引先・お客様 | 上司・目上の人 | 同僚・知人 |
| --- | --- | --- |

**ご出席のご都合を～**

**ご参加の諾否を～**

例 ご出席のご都合を、○日までにメールにてお知らせください。

例 ご参加の諾否をお知らせくださいますようお願い申し上げます。

「ご出席のご都合を～」は、事務的ではなく相手への配慮を感じさせる言い回しです。「諾否（だくひ）」は、承諾か不承諾かという意味で、参加・不参加の確認や、提案を受け入れるかどうかの確認などに使われる言葉です。

## 4 報告のフレーズ

取引先・お客様 | 上司・目上の人 | 同僚・知人

**～について報告いたします。**

**～につき、取り急ぎ、報告いたします。**

**～について下記のとおりご報告いたします。**

**心苦しいことながら**

**今後はこのようなことがないよう十分配慮いたします。**

例 調査の件につき、取り急ぎ、報告いたします。

例 心苦しいことながら、ご要望にお応えできませんでした。

「報告します」は同僚宛にのみ使えます。目上の人には「～いたします」に。

取引先・お客様 | 上司・目上の人 | 同僚・知人

**謹んでご報告いたします。**

例 内部調査の結果を、謹んでご報告いたします。

「謹(つつし)む」は、うやうやしくかしこまるという意味。重大な報告や、役職が高い人へのかしこまった報告に「謹んで」を使います。

## 5 お知らせのフレーズ

取引先・お客様　上司・目上の人　同僚・知人

**お知らせいたします。**

**ご連絡いたします。**

**この度～することとなりました。**

例 この度、弊社は創立100周年記念式典を開催することとなりました。

同僚から取引先・お客様まで幅広い宛先に使えるフレーズ。「お知らせ申し上げます」「ご連絡申し上げます」にするとていねいな表現になります。

取引先・お客様　上司・目上の人　同僚・知人

**ご通知申し上げます。**

**下記のとおり～の運びとなりました。**

例 当選されましたことを、ご通知申し上げます。

例 下記のとおり３社合同で展示会開催の運びとなりました。

「運びとなりました」は、「順調にいかないこともあったかもしれませんが、何とか実現することになりました」といったニュアンスを含んでいます。

# 承諾・回答

## 承諾 のメールサンプルとポイント

### 取材の承諾メール

取引先・お客様　上司・目上の人　同僚・知人

**件名：『□□□□』取材依頼について**

株式会社○○
編集部　○○○○様

お世話になっております。
株式会社○○商事の○○です。

弊社の新製品『□□□□』に関する取材のご依頼をいただき、
ありがとうございます。

取材の件、承知いたしました。
『□□□□』を取り上げていただくことは当社にとっても
願ってもないことで、ぜひお受けしたいと存じます。●

取材の日にちの候補をいただいておりますが、
○月○日の14時スタートでお願いいたします。
お問い合わせいただいた撮影と画像提供の件も特に問題はございません。●

当日は担当の△△がご案内申し上げます。
mail:△△@xxx.co.jp ●

製品の資料を添付にてお送りいたしますので、
お目通しいただければ幸いです。●
ご不明な点などございましたらお問い合わせください。

それでは当日、お待ちしております。
よろしくお願いいたします。

---

株式会社○○商事　営業部　○○○○
〒000-0000　○○県○○市○○１－21－３
TEL：000-000-0000　FAX：000-000-0000
Email：○○○○@○○○○.co.jp
URL：http://○○○○.co.jp/

---

依頼への承諾を伝えるメールは、できるだけ謙虚な姿勢で感謝の気持ちを伝えるようにしましょう。今後もやり取りをすることを想定し、前向きでていねいな対応をすることが大切です。

POINT

依頼を受けた側は立場的には上ですが、関係者双方にメリットがあるというスタンスでていねいな対応をしましょう。

POINT

問い合わせへの回答は漏れがないように。漏れがあるとメール回数が増えてお互いに負担になります。１回のメールで必要事項が一覧できるのが理想です。

POINT

担当者名と連絡先は必須。情報を共有できるように、担当者をCcに入れてメールしましょう。

POINT

事前に資料を送付しておくと、その後のやり取りもスムーズで無駄がありません。

**ここが大切！**

承諾・回答のメールは当然、来たメールへの返信メールの形となります。上司、新規の取引先、入社希望の学生など、相手に合わせたフレーズを用意しましょう。

# 1 承諾のフレーズ

取引先・お客様　上司・目上の人　同僚・知人

**〜の件、承知いたしました。**

**たしかに承りました。**

**〜の件、かしこまりました。**

**受諾いたします。**

例 日程変更の件、かしこまりました。関係者に周知いたします。

「承知」は、依頼や要求などを聞き入れること。「承る」は「引き受ける」の謙譲語です。「かしこまりました」は広く使われていますが、本来は目上の人や顧客などの依頼や指示を承ることを意味します。「受諾」は提案や申し入れなどを受け入れること。

取引先・お客様　上司・目上の人　同僚・知人

**〜の件、了承しました。**

例 仕入先変更の件、了承しました。

「了承」は承諾と同じような意味です。目上の人には、「了承いたしました」と一段ていねいな言い方にしたほうが安心です。

## 2 受け入れるフレーズ

取引先・お客様　上司・目上の人　**同僚・知人**

**～で結構です。**

例 納期は○月○日で結構です。

「結構」のさまざまな意味の１つが、「よい」「問題ない」。「必要ありません」という遠慮や断りの文句としてもよく使われているので、どちらの意味かは文脈で判断しましょう。目上の人には「結構でございます」に。

**取引先・お客様**　**上司・目上の人**　同僚・知人

**異存はございません。**

**支障はございません。**

**問題ございません。**

例 社長のご判断に異存はございません。

例 ご指定の日時で支障はございません。

例 お見積りの件、問題ございませんので、この内容で進めていただければと存じます。

「異存」は、違う意見や反対意見、異議。「支障」は差し支(つか)え、差し障(さわ)り。それぞれ「ございません」をつけて、「問題ない」のていねいな言い回しに。

## 3 引き受けるフレーズ

取引先・お客様　上司・目上の人　同僚・知人

**お受けいたします。**

**お引き受けいたします。**

**お役に立てれば幸いです。**

**お力になれれば幸いです。**

例 先日ご依頼いただいた案件、お引き受けいたします。

何かの役割を引き受ける場合や、取引先に仕事を発注された場合など、さまざまなシーンで使うフレーズ。仕事を受注した場合は、非常にへりくだった表現の「謹(つつし)んでお受けいたします」を使うこともあります。

取引先・お客様　上司・目上の人　同僚・知人

**喜んで〜させていただきます。**

例 先日の打ち合わせでお話をいただきました件、喜んで協力させていただきます。

「喜んで〜」は仕事などを積極的に引き受けるという前向きさを感じさせるフレーズです。

取引先・お客様　上司・目上の人　同僚・知人

**微力ながら精一杯頑張ります。**

**微力ではございますが、お手伝いさせていただきます。**

例 微力ながら精一杯頑張ります。支店長のお役に立てれば幸いです。

「微力ながら〜」の「微力」は自分の力量をへりくだっていう語。目上の人のために全力で頑張るというやる気を表現しています。

なお、自分から手助けなどを申し出た場合に「微力〜」を使うのは、相手に失礼とされることがあります。依頼をしてきた相手への返信で使う表現と覚えておきましょう。

取引先・お客様　上司・目上の人　同僚・知人

**ご期待に沿うことができれば幸いです。**

**ご期待に沿えるよう精進いたします。**

例 ○○ご発注いただき、ありがとうございます。ご期待に沿うことができれば幸いです。

相手の期待に応える意思をていねいに表明するフレーズです。目上の人へのメールでは、謙譲表現の「幸いに存じます」を使うのもよいでしょう。

## 4 回答のフレーズ

取引先・お客様　上司・目上の人　**同僚・知人**

**～につき回答します。**

例 先ほどの質問の件につき回答します。

同僚など親しい間柄で使える簡潔なフレーズ。「～回答いたします」とすれば、目上の人に対して失礼のないていねいな表現になります。

**取引先・お客様　上司・目上の人　同僚・知人**

**ご返答いたします。**

**～につき回答いたします。**

**～について、お答えいたします。**

**～については以下のとおりです。**

例 お問い合わせの件については、明日ご返答いたします。

例 ご質問いただきました件について、お答えいたします。

例 ○○の生産スケジュールについては以下のとおりです。

質問への回答が長文になる場合や、箇条書きで説明をする場合などは、「～は以下のとおりです」というフレーズでいったん文章に区切りをつけます。

## 5 説明のフレーズ

取引先・お客様　上司・目上の人　同僚・知人

**改めてご説明申し上げます。**

**改めて釈明申し上げます。**

**改めて事情を述べさせていただきます。**

例 皆様にご迷惑をおかけした今回のトラブルにつきまして、改めてご説明申し上げます。

「改めて」は、「もう一度」「重ねて」といった意味。今までの説明やメールのやり取りを踏まえて、もう一度きちんと説明するという意味合いで、説明の前置きフレーズとなります。「事情を述べさせていただきます」は、不手際や問題が起こった際の事情説明などで使われます。

取引先・お客様　上司・目上の人　同僚・知人

**実は〜があり、〜が生じました。**

例 実はプログラム更新時のトラブルがあり、生産ラインに遅れが生じました。

「原因となることがあり、結果として〜が起きた」という構造の文。トラブルの状況説明などで使われます。

# 申請

## 申請 のメールサンプルとポイント

### 出張を申請するメール

取引先・お客様　**上司・目上の人**　同僚・知人

**件名：出張申請書**

○○課長

お疲れ様です。
○○です。

以下のとおり出張を申請いたします。
決裁のほどよろしくお願いいたします。

1．出張日：○月○日～○月○日

2．出張場所：○○○○○

3．同行者：□□部　△△主任

4．出張目的：○○キャンペーン視察

5．費用：約○○○○円

以上、よろしくお願いいたします。

---
営業部営業○課　○○○○
内線番号0000
Email：○○○○@○○○○.co.jp

---

社内には日々さまざまな申請書類が飛びかっています。受け取った人が処理しやすいように、簡潔で見やすいメールにしましょう。記載漏れなどは無駄なメールのやり取りを増やすので、よく確認して送信を。

POINT

社内メールのあいさつは「お疲れ様です」。直属の上司へのメールなら、名乗りに部署名は不要。

POINT

メールの趣旨や、相手にどのような行動をとってほしいかを最初に述べます。

POINT

出張の目的やスケジュールの概要などを、ひと目でわかるように箇条書きで示します。通常、会社ごとに記載事項のルールがあるので、漏れがないように注意します。

POINT

再度の依頼の言葉で締めくくります。

**ここが大切！**

会社が用意している申請書のフォーマットの有無を確認し、書き方に疑問があれば送信する前に解決しましょう。自己流で書いてやり直しになれば業務の効率を下げてしまいます。

## 1 申請のフレーズ

取引先・お客様 | **上司・目上の人** | 同僚・知人

**届出をいたします。**

**申請いたします。**

**申請申し上げます。**

**申請書をお送りいたします。**

例 下記のとおり、直行・直帰をさせていただきたく、届出をいたします。

例 以下のとおり、出張を申請いたします。

例 海外研修に参加いたしたく、申請申し上げます。決裁のほど、よろしくお願いいたします。

例 引っ越しが完了いたしましたので、通勤交通費申請書をお送りいたします。

物品購入、出張、休暇などを願い出る際のフレーズ。「申請書をお送りいたします」はファイルを添付する場合に使います。

**ここが大切！**

必要事項を入力すれば申請書が完成するフォーマットのファイルが用意されている場合、申請時に申請書ファイルの添付漏れがないかどうかチェックしましょう。

取引先・お客様 | **上司・目上の人** | 同僚・知人

**申し込みいたします。**

**～を希望いたします。**

**ご許可いただけますようお願いいたします。**

**ご承認をお願いいたします。**

例 研修会に申し込みいたします。

例 ○○セミナーへの参加を希望いたします。

例 ダブルワークをご許可いただけますようお願いいたします。

例 リモートワークのご承認をお願いいたします。

例 添付ファイルの内容をご一読いただき、内容に問題がなければご承認をお願いいたします。

「～を希望いたします」は、申請が通るかどうかは上司の決裁待ちというケースで使用するフレーズです。「ご許可～」と「ご承認～」は、申請が認められることを求める言い回し。

**ここが大切！**

申請書は、フォーマットや汎用(はんよう)性が高いひな型（テンプレート）が用意されている場合が多いはずです。用意されたものにフィットしない申請内容の場合は、日時や目的、内容、理由、予算など、必要な要素を箇条書きでわかりやすく示しましょう。

# 指摘

## 指摘 のメールサンプルとポイント

### 誤りの指摘のメール

| 取引先・お客様 | 上司・目上の人 | 同僚・知人 |
|---|---|---|

**件名：お打ち合わせのメールにつきまして**

株式会社○○　事業部　○○様

お世話になっております。
株式会社○○の○○です。

お打ち合わせのご案内をいただき、
ありがとうございました。

開催日時につきまして、
10月1日（水）とありますが、10月1日（火）または
10月2日（水）の誤りではないかと思われます。
ご確認いただき、再度お知らせください。

また、添付いただいたファイルを確認したところ、
昨期のデータをお送りいただいているようです。
お手数ですが、
今期のものを再送信いただければと存じます。

お忙しいところ恐縮です。
ご連絡のほどよろしくお願い申し上げます。

株式会社○○　営業部　○○○○
〒000-0000　○○県○○市○○１－21－３
TEL：000-000-0000　FAX：000-000-0000
Email：○○○○@○○○○.co.jp
URL：http://○○○○.co.jp/

届いたメールの内容などに間違いがあったとしても、上から目線で指摘しては相手に不快な思いをさせてしまいます。相手にも確認の手間をかけることを念頭に、いつもと変わらずていねいな言い回しを。

POINT

もらったメールの内容に間違いがあった場合でも、まずはお礼の気持ちを伝えましょう。

POINT

「～ではないかと思われます」などソフトなフレーズを使いながら、正しい内容を明記して、再度連絡をくれるようお願いしましょう。

POINT

メールを確認するときは、添付ファイルの確認も忘れずに。指摘のメールは1通にまとめて送ります。

POINT

間違いは誰にでもあることなので、特に意識することなく、通常のメールでのやり取りと同じような結びで、問題ありません。

**ここが大切！**

指摘のメールは送りにくいものですが、気がついたらなるべく早く送るようにしたいもの。相手を責めたり、否定したりせず、間違えている点を具体的に伝え、再度の連絡をお願いしましょう。

## 1 指摘のフレーズ

| 取引先・お客様 | 上司・目上の人 | 同僚・知人 |
| --- | --- | --- |

**私も気がつかなかったのですが〜**

**私の勘違いかもしれませんが〜**

**細かいことで申し訳ないのですが〜**

**皆様よく勘違いなさるのですが〜**

**初歩的な質問で申し訳ないのですが〜**

**僭越ながら、○○ではないようにお見受けしましたが〜**

**誤りではないかと思われますので〜**

例 私の勘違いかもしれませんが、先日のお話では次回お会いできるのは30日とお聞きした気がします。

例 皆様よく勘違いなさるのですが、私の名前の「もと」は「本」ではなく「元」と書きます。書類等お書きいただく際は、こちらでお願いいたします。

相手の間違いに対する指摘など、いいにくいことを伝えるときには、本題に入る前に「私も気がつかなかったのですが〜」のようなクッション言葉を添えると、角が立ちにくく、スムーズに思いが伝わります。

取引先・お客様 | 上司・目上の人 | 同僚・知人

**数字が合わないようですので～**

**○○をお間違えのようですので～**

例 数字が合わないようですので、ご確認のうえ修正したものをお知らせください。

例 ○○をお間違えのようですので、伝票のチェックをお願いいたします。

商品の金額や注文した品など、明らかな間違いを伝えるときには、こちらが希望する解決方法を併記してもかまいません。

取引先・お客様 | 上司・目上の人 | 同僚・知人

**気になった○○については、後日改めてご相談させていただきます。**

**具体策を検討したいと思いますので、ご協力いただけたらと存じます。**

例 貴社の方向性について、承知しました。気になった仕入れ値については、後日改めてご相談させていただきます。

意見の食い違いを指摘したいときは、メール送信後になるべく直接話すことを前提にしたいところです。

# 紹介・推薦

## 紹介のメールサンプルとポイント

### 取引先への紹介依頼メール

取引先・お客様　上司・目上の人　同僚・知人

**件名：ご紹介のお願い**

○○株式会社
営業部　○○様

いつもお世話になっております。
株式会社○○の○○です。

さて、本日はお願いがあり、
○○様にご連絡いたしました。

弊社では、新たに□□の事業を展開し、
○○年度の参入を計画しております。
つきましては、幅広い人脈をおもちの○○様に
お力添えいただきたくメールした次第です。

□□業界の方々とおつき合いされていると伺いましたが、
当該事業に精通し、ご興味がありそうなお取引先をご存じでしたら、
ご紹介いただけますでしょうか。

図々しいお願いで誠に恐縮です。
ご検討いただけましたら幸いです。
何卒よろしくお願い申し上げます。

---
株式会社○○　営業部　○○○○
〒000-0000　○○県○○市○○１－21－３
TEL：000-000-0000　FAX：000-000-0000
Email：○○○○@○○○○.co.jp
URL：http://○○○○.co.jp/

---

紹介依頼のメールは、相手にとっては本来の業務とは関係のないものです。こちらの一方的な都合であることをわきまえ、相手に少しでも無駄な時間を取らせないよう簡潔に書きましょう。

POINT

唐突なお願いや、久しぶりのメールの場合は、相手にわかりやすいように、最初に必ず名乗ります。

POINT

メールを送った理由を、できるだけ具体的に、かつ簡潔に短くまとめて書きましょう。

POINT

「～していただけますでしょうか」の問いかけフレーズを使うことで、メール全体がやわらかい印象になります。「～してください」といった命令調にしないよう注意。

POINT

今後のつき合いにも支障が出ないように、「恐縮」など申し訳ない気持ちを伝え、ていねいに結びましょう。

ここが大切！

人を紹介することは、相手に負担がかかります。相手との関係性や、進行中の仕事とのタイミングなど、さまざまなことを考慮して送りましょう。

＊紹介依頼のフレーズはP382を参照ください。

# 紹介・推薦

## 推薦 のメールサンプルとポイント

### 取引先への推薦メール

取引先・お客様　上司・目上の人　同僚・知人

件名：〇〇業者ご紹介の件

〇〇株式会社　事業部　〇〇様

平素は格別のご高配を賜り、厚くお礼申し上げます。
株式会社〇〇の〇〇でございます。

さて、早速ですが先日お伺いした際、
□□業者の紹介依頼のお話がございましたので、
〇〇株式会社をご推薦させていただきます。

同社は、今年で創業〇〇年、
〇〇地区を中心に販売実績を伸ばしており、
□□技術の高さは業界屈指の会社でございます。

当社とは〇年にわたって懇意にお取引させていただいており、
必ずや貴社のご期待に沿えることと存じます。

同社の概要につきましては、
添付の会社案内および会社経歴書をご高覧くださいませ。

ご多用中とは存じますが、
ご検討いただきますよう、よろしくお願い申し上げます。

---
株式会社〇〇　営業部　〇〇〇〇
〒000-0000　〇〇県〇〇市〇〇１－21－３
TEL：000-000-0000　FAX：000-000-0000
Email：〇〇〇〇@〇〇〇〇.co.jp
URL：http://〇〇〇〇.co.jp/

---

推薦メールは取引先などに別の会社や人物を紹介するためのものです。両者にとって必要な情報を、誠意をもって伝えましょう。推薦者としての責任がともなうので、慎重に行いたいものです。

POINT

取引先から紹介の依頼があった場合には、ことの経緯を書いておくと、メールの内容がわかりやすくスムーズです。

POINT

推薦する会社の創業年数や所在地、ヒット商品など、経歴を簡単に伝えます。

POINT

自社との関係性も必ず明記しましょう。実際に行った仕事などを具体的に書いてもよいでしょう。

POINT

あらかじめ、推薦する会社から会社案内や資料を取り寄せておきます。データ容量はなるべく軽いものを。

プラスα（アルファ）

「ご検討ください」には、「よく吟味してほしい」というニュアンスが含まれています。「ご一考ください」は、「一度考えてほしい」という軽めのニュアンスで、やや謙虚な印象になります。

＊推薦のフレーズはP383を参照ください。

## 1 紹介依頼のフレーズ

取引先・お客様　上司・目上の人　同僚・知人

**ご紹介いただけますでしょうか。**

**ご紹介いただけましたらうれしく存じます。**

**ご紹介いただければ幸いです。**

例 □□のご担当の方をご紹介いただけますでしょうか。

例 お打ち合わせで貴社に伺った際、ご紹介いただけましたらうれしく存じます。

さらにていねいな表現にするには、「ご紹介のほどお願い申し上げます」「ご紹介いただけますようお願い申し上げます」「ご紹介くださいますようお願い申し上げます」を使いましょう。

取引先・お客様　上司・目上の人　同僚・知人

**お目にかかれるような機会を設けていただけますでしょうか。**

例 懇親会などで、○○様にお目にかかれるような機会を設けていただけますでしょうか。

紹介してほしい相手が具体的にいるときに使える表現です。

## 2 推薦のフレーズ

取引先・お客様 | 上司・目上の人 | 同僚・知人

**ご推薦させていただきます。**

**ご紹介させていただきたく存じます。**

**ぜひお引き合わせしたいと思っております。**

例 貴社とのお取引を希望されている○○株式会社をご紹介させていただきたく存じます。

例 ○○の分野に通じている人物をお探しとお聞きしましたので、○○氏をぜひお引き合わせしたいと思っております。

取引先・お客様 | 上司・目上の人 | 同僚・知人

**必ずや貴社のご期待に沿えることと存じます。**

**きっとご助力くださるものと思います。**

**貴社のお役に立てるものと確信しております。**

例 確かな技術力とともに、きっとご助力くださるものと思います。

なぜその会社や人を推薦したのかがわかるように、具体的な長所を加えると信頼感が増します。

監修者 **吉田裕子**（よしだ ゆうこ）

国語講師。東進や都内大学受験塾、カルチャースクールで講師を務めるほか、書籍執筆、講演、企業研修、三鷹古典を読む会などの活動に取り組む。NHK Eテレ『知恵泉』、NHK - FM『トーキングウィズ松尾堂』などテレビ・ラジオにも出演。著書『印象が飛躍的にアップする 大人の「言い方」練習帳』（総合法令出版）、『大人の語彙力が使える順できちんと身につく本』（かんき出版）など多数出版。

| | |
|---|---|
| デザイン・DTP | 高橋秀宜（Tport DESIGN） |
| 校正 | 柳元順子（有限会社クレア） |
| 執筆協力 | 永井ミカ・高橋伸和（メディアクルー）、<br>三浦真紀、清水 香 |
| イラスト | Getty Images |
| 編集協力 | 篠原明子、今井真志 |

**決定版 すぐに使える！**
**教養の「文章力」1093**

| | |
|---|---|
| 監修者 | 吉田裕子 |
| 発行者 | 若松和紀 |
| 発行所 | 株式会社 西東社<br>〒113-0034　東京都文京区湯島2-3-13<br>https://www.seitosha.co.jp/<br>電話　03-5800-3120（代） |

※本書に記載のない内容のご質問や著者等の連絡先につきましては、お答えできかねます。



ISBN 978-4-7916-3214-5